U0336986

齐昊
趣谈财务管理

齐昊 著

机械工业出版社
CHINA MACHINE PRESS

不懂财务，不能成为真正的经营者。财务思维是管理者进行经营决策的核心逻辑，也是管理者获得职场升迁应具备的底层思维。本书从内部控制、成本控制、股权设计、投资并购等多个角度，全方位展示了一面可以解构企业经营情况的滤镜，看完后读者将具备系统性的财务思维，必将对企业战略驾轻就熟。所有知识点的背后均有作者亲身经历的案例作为支撑，融财务知识与管理实战为一体，极富操作性，可以说字字干货，诚意满满。相信管理者看完本书，不仅可以具备财务思维，还可以透过枯燥的数据，一眼看穿企业的问题所在，轻松突破企业经营的天花板。

图书在版编目（CIP）数据

齐昊趣谈财务管理／齐昊著. —北京：机械工业出版社，2021.12（2022.3 重印）

ISBN 978 - 7 - 111 - 69898 - 2

Ⅰ . ①齐… Ⅱ . ①齐… Ⅲ . ①财务管理 Ⅳ . ①F275

中国版本图书馆 CIP 数据核字（2021）第 261043 号

机械工业出版社（北京市百万庄大街22号　邮政编码100037）
策划编辑　曹雅君　　　　责任编辑　曹雅君　蔡欣欣
责任校对　黄兴伟　　　　责任印制　张　博
中教科（保定）印刷股份有限公司印刷

2022 年 3 月第 1 版·第 4 次印刷
148mm×210mm·8 印张·3 插页·172 千字
标准书号：ISBN 978 - 7 - 111 - 69898 - 2
定价：88. 00 元

电话服务　　　　　　　　　网络服务

客服电话：010-88361066　　机　工　官　网：www. cmpbook. com
　　　　　010-88379833　　机　工　官　博：weibo. com/cmp1952
　　　　　010-68326294　　金　书　网：www. golden-book. com
封底无防伪标均为盗版　机工教育服务网：www. cmpedu. com

透过财务的视角看世界

估计大家都深有体会，随着经济全球化的深入，财务管理也在发生着剧烈的变化。虽然财务管理面临着创新社会的各种挑战，但财务管理在企业管理中的重要性还是不会改变的，并且只会越来越受到重视。

从财务管理的角度来说，企业经营又是什么概念呢？企业的所有经济活动其实都可以抽象地概括为一个"从现金到现金"的循环过程，只要企业还在经营，就会重复这个过程。在这个过程中，企业行为一般包含三大板块——经营活动、投资活动和融资活动；这三大板块背后有三个至关重要的驱动因素，分别是外部环境、战略选择和战略执行。

不管是会计核算还是财务管理的日常工作，其实都应该考虑这三个驱动因素，不能闭门造车。比如，当一名企业的会计，并不是单纯死板地记录企业财务账单就可以，而需要综合考虑公司的利益。假如你是一家烘焙公司的会计，采购部门买了一个新的蛋糕模具需要入账，这个模具价值 20 000 元，是用于生产经营的。那么，这时候会计应该把模具当作费用支出还是固定资产？

这个问题的答案其实应该由实际业务决定。如果这个用于蛋糕生产的模具的使用年限是三年以上，那么它属于固定资产。但如果只使用一次，就可以把它当成一次性的费用。但是，将这笔款项计入固定资产还是一次性费用，是会影响到企业净利润和企业所得税的。如果计入费用，那就等于一次性抵扣了当年的利润。如果计入固定资产，那就要按照使用年限进行折旧摊销。

因此，企业的会计核算应该从多方面分析，选择合适的、符合业务实质的方式进行记账。而财务管理可不单单只是账务的核算，作为企业财务管理者更需要结合业务，考量更多的维度。还拿这家蛋糕店举例，财务管理者还需要考虑：①蛋糕店的现金流状况如何；②蛋糕店的面粉、奶油这些主要原材料从哪里采购，应该选择几个供应商，采购频次是什么样的（随用随买，还是按日、按周、按月、按季度购买）；③如何降低生产中的损耗；④哪些品种的蛋糕销量好；⑤是否应该研发新的蛋糕品种；⑥如果未来蛋糕店发展成为连锁门店，现在在财务结构上应该做什么准备；⑦竞争店铺的财务数据；等等。可以利用财务工具去分析及预测企业的经营情况，发现潜在的问题。

企业的采购、生产、销售等经营环节都离不开财务的数据反馈和调控，企业管理者要在国家法律法规的要求下，实现企业自身利益最大化，做好财务管理会让企业战略更明确，目标更容易达成。在实现企业利益最大化之后，我们的企业家也不要忘记自己身上所肩负的责任——对员工的责任，对行业的责任，对国家的责任。

齐　昊

目　录

前言　透过财务的视角看世界

第 1 章

为什么要学财务

01 不懂财务的老板不是好老板

随着科技的发展和经济的腾飞，时代、市场都对财务管理工作提出了新的要求。与此同时，我们就要了解财务管理工作不等于会计核算。目前，很多人对财务管理都有些误区，认为财务管理人员就是记记账，出出报表，报报税。但其实财务管理并没有那么简单，会计核算只是财务管理中的一小部分。本书主要讲的就是除了会计核算外的财务管理知识，让大家感受到财务的魅力。

那么，会计核算和财务管理二者之间的关系是如何体现的呢？

我们先来讲个故事：我很尊重的一个财务管理高手，美国上市公司安博教育的 CFO 周保根是美籍华人，英文名字叫 Paul Chow，他很小的时候就去了美国，所以他的英文十分流利，而普通话和粤语说得一般。在一次参加国内财务高管聚餐时，因为周保根先生习惯喝可乐时加入冰块和柠檬，而会务组安排就餐的那家餐厅的杯子很小，能容纳的冰块很少，所以他需要不断地加冰块，十分麻烦。于是他叫来服务员说："服务员，能给我一个冰桶吗？"服务员听完后，立刻跑去后厨拿了一个装满冰块的大冰桶，然后当着我们的面把冰块都倒到了垃圾桶里，把冰桶放在了桌子上，告诉周保根这是您要的冰桶。周保根先生愣了一下，看着她问："你是不是会计出身？"

小姑娘当时就懵了，说自己只是一个服务员，把大家都逗乐了。

　　周保根问这样一个问题虽然有打趣的成分存在，但我们也不难从服务员的行为中找到与会计思路相似的地方。他之所以这样说，是因为会计的职责之一是记账、报销和报税，这个职业的基本职能就是据实核算和按章办事。这要求会计工作的结果具有真实性、合法性等，所以会计的工作相对比较刻板，你问会计要什么他就给你什么，但会计所给的结果通常只停留在比较表面的地方，无法向数据的意义等更深入的层面延伸。这就是所谓"会计思路"。

　　而财务管理的职责之中就有分析、判断和纠错功能，侧重对企业运营的全盘考虑。这就要求财务人员尽可能多地掌握数据信息和业务信息，比如过去的经济情况、现实状况以及未来的企业发展战略等，去掉纷纷扰扰的无用数据，发现企业的方向，只有这样财务人员才能做出合理的预判与决策。由此可见，财务人员需要应知尽知，并且应当从表面深入实质，了解数据背后的逻辑与指向，最终实现企业资源、资产、资金和资本的合理利用。当然我们也可以将之称为"财务思路"。

　　因此，那位服务员把冰倒掉只留下冰桶，其实只满足了周保根的表面需求，而忽略了他的真实需求，与会计思路中"要什么给什么"的做法有一定程度的相似性；假如她把装着冰的冰桶拿给周保根，顺带询问他是否需要再加一盘柠檬，就类似于向深度挖掘的财务思路了。

　　了解了财务和会计间的差异，我们再来看看二者之中更重要的部分——财务。有人说财务管理是一个悲催的职业，"操着天大的心，挣着卖白菜的钱"。听起来确实挺悲催的，那么它到底是怎样的一个职业呢？在企业发展中又扮演着怎样的角色呢？

首先我们来看看国内不同领域的几大巨头的领导者，比如阿里巴巴集团的张勇，他原来是盛大的 CFO（首席财务官），后来被挖到了阿里巴巴集团。他家在上海，工作在杭州。据说他在杭州整整住了 11 年的酒店。再往前推，张勇还曾就职于普华永道会计师事务所。我们会发现一个有趣的现象，很多大企业的 CFO 来自四大会计师事务所。

除了张勇之外，阿里巴巴五个常务合伙人中还有两个也是财务出身。一个是蚂蚁金服的井贤栋，另一个就是众所周知的蔡崇信。蔡崇信当时是挣 500 万元年薪的人，结识马云后他加入阿里巴巴担任 CFO，最初的月工资只有 500 元，被称作是"马云背后的男人"。

说完马云背后的男人，我们再来说一下李嘉诚背后也有一个很重要的男人。他叫霍建宁，被称作"打工皇帝"，据报道，在 2001 年，他一年的薪酬就高达一亿多港元。而他在 1979 年加入长江实业集团的时候，担任的职务就是会计主任，是公司的财务人员。

创办了红杉资本中国基金的沈南鹏，也精通财务管理，他还曾是携程旅行网创始人，如家连锁酒店创始人。

从上述的例子中我们可以很轻易地得出一个结论，财务人员并不悲催，相反他们在企业的发展和经营中有着不可替代的地位及作用。一个厉害的企业，它的背后一定有一个厉害的财务管理团队。换句话说，财务对于一个企业来说有着尤为重要的影响，比如阿里巴巴五个常务合伙人中就有三个是财务出身。可想而知，财务与企业的发展甚至命运是息息相关的。

再举几个财务出身的企业领导者的例子，比如上文中讲到的安博 CFO 周保根先生，他之前是思科公司泛太平洋地区的 CFO。他来到安博的时候，公司只有几十个人，但他就是凭借自己在金融财务方面的卓越能力，带领着安博在美国纽交所成功上市。

再如奇虎360的CFO姚珏和京东的CFO徐冉，前者率领奇虎360在美国成功上市，后来又在中国A股上市。徐冉曾经也在普华永道工作过，后来出任京东的CFO。

由此我们或许可以认为财务才是企业的发动机，一个非常优秀的财务团队或者财务人员能够给一家企业带来的价值是无法估量的，他们是企业走向卓越的基石，也是未来发展的保障。

谈完了财务，我们再来着重了解一下财务人员的高阶作业——财务管理。俗话说"外行看热闹，内行看门道。"除了财务专业领域的人，大部分人对财务管理依然相当陌生，许多人甚至连财务人员和会计人员都分不清。就目前大部分民营企业而言，基本都是靠老板拍板做决策的。如果一个老板自身财务管理能力不够强，那么财务管理就变成了企业的瓶颈。所以我们讲，老板的财务思维边界可能就是企业的价值边界。

如果你对当下中国企业家的现状有所了解，就能发现一个有趣的现象：一个成功的企业家，不管他是销售出身，技术出身，还是市场出身，他们都有一个共同的特点，那就是懂得一些财务管理知识，而且越大的企业对财务管理越重视。比如，阿里巴巴集团是由CFO张勇接班；万科集团继王石之后，是由集团的CFO郁亮掌管帅印。吉利控股的李东辉，联想的宁旻都是CFO出身。而有些创业者本身就是财务出身，比如居然之家，这个横跨智慧物流、食品超市、儿童娱乐等十几个领域的巨无霸连锁集团公司的董事长就曾就职于中国商业部财会司。如果一家企业在财务管理上很薄弱，那么这家企业很难做大做强，就算做大做强了，未来也会爆雷。所以，打造一个有战斗力的财务军团势在必行。

　　为什么我们看到有的财务人员能够成长得很迅速，而有的财务人员成长得比较缓慢。以我个人愚见，其中有一个原因是，很多财务人员可能过分夸大了谨慎性原则。有着专业财务会计教育背景的人，从上大学开始，就一直学习谨慎性原则。不可否认，谨慎性原则确实是财务人员不可或缺的重要原则之一，但是众所周知，"风险越大，收益越大"。没有风险就代表着没有收益。企业能够持续经营的前提是获得利润，实现增长。要实现这一目标，难免要给企业创造一个发展机会，尤其对于创业型公司而言，所以灵活的财务处理方式是实现高速增长的秘诀之一。在这种情况下，财务人员如何帮助企业解决问题，同时又能守住法律的底线，这真的是一个非常需要仔细研究的课题。如果你能够守住国家法律、财税制度的底线，同时帮企业处理棘手的问题，这样的财务人员的成长将是迅速的。

　　当然，这并不是说谨慎不好，而是在很多情况下，我们如何把握好风险和收益的平衡点。事实上，风险在生活中无处不在，而且也未必有害。举个简单的例子。有人从北京乘坐飞机去广州，风险显而易见，那就是飞机事故。这种事故一旦发生，几乎没有生还可能。但人们会因此不乘坐飞机吗？有人说可以开车。且不说开车所需要多花费的时间成本，单就事故概率而言，开车的事故率其实是高于飞机的事故率的。如果真的要规避所有交通事故的风险，那最好的选择就是在家待着，哪儿也别去。但同时我们也无法工作，不会有任何收入。

　　即使待在家中就安全了吗？全世界每年因为吃饭被噎死的也大有人在，但会有人因为吃饭存在噎死的风险而拒绝进食吗？中国有句古语说的就是这个道理，叫因噎废食。恐怕没人会这么做吧。风险并不意味着危险。危险是近在咫尺的必须面对的不利形势。而风险不一样，它只代表可能出现的危险，这里存在一个概率的问题。它可能发生也可能不发生，即便发生了，我们也有足够的时间来防御。因此，在面对风险的时候，我们至少有三个策略：发现风险，识别风险，并且转化风险。

美国《企业家》杂志发刊词中曾选用《常识》中的一段话，其核心正是对企业家精神的高度概括——"做有意义的冒险"，被称之为"美国企业家誓言"。

转化风险的思维在税务筹划中用得也很多。当然，这并不意味着你可以蛮干。有的企业家觉得企业的税务成本或者资金成本过高，从而采取一些违法手段，比如设置两套账、购买虚开的增值税发票等。靠违法手段来增加公司收益的操作可以说是南辕北辙，这种做法降低了税务成本，但却极大地提高了法律风险概率，最终给自己带来牢狱之灾，得不偿失。

我们目前在做税务筹划的时候，更多地会考虑公司整体结构的税务筹划，或者对交易方式进行合理改变，从而达到降低税收成本的目的。世间凡事都是平衡的，企业只能做到转移风险，而非杜绝所有风险。如果你只是一个普通的财务人员，你可以和老板说我有三个方案或者五个方案，看看公司会接受哪一个；但如果你具备了风险转化思维，那么你思考的角度就是全局性的，不仅仅是站在财务角度，而是站在业务以及企业战略的角度，那么你所给出的方案也必然联动全局。而这也是一名企业老板所必须具备的思维。作为企业家，不但要懂得风险，更要会转化风险，这样才能在公司高速发展的时候成为带领团队乘风破浪的领航员，而非阻碍公司进步的天花板。

02 财务也有"三观"

财务工作关乎公司的财政命脉，做好这项工作不单单需要过硬的专业素质，更需要有正确的三观。我国企业会计制度和企业会计准则将财务会计的一般原则归纳为：客观性、实质重于形式、相关性、可比性、一贯性、及时性、明晰性、权责发生制、配比性、谨慎性、历史成本、划分收益性支出与资本性支出、重要性等十三项原则。

通过多年的财务管理实战经验，我个人认为，在财务管理原则中，有必要特别强调以上十三项原则中的三项原则：重要性原则、实质重于形式原则和谨慎性原则，同时再增加一个合作原则。如果能够深入理解并灵活运用这四条原则，将会使你受益良多。

首先，聊聊新增加的原则，合作原则。在悉尼出差的时候，有一天中午，我在街上开着车正常行驶，忽然发现对面的车一直在朝着我晃车灯。我非常不解，以为是我的车哪里出了问题，于是我靠边停车下来检查了一圈，发现一切正常。不过，我还是因为这件事加了几分小心。又向前开了没多远，我就发现前方转弯处发生了一起事故，但由于我被提醒之后开得很小心，所以并没有造成二次事故。

这时候我才明白那个朝我晃车灯的司机的意思，从此之后我再遇到什么事故也会这样提醒我对面的人，这就叫合作精神。合作精神对于财务部门非常重要。我们知道一些国外公司将财务部、行政部、IT 部和人力资源部叫作 supporting department，意思是支持部门，顾名思义就是这些部门会为其他部门提供支持和帮助。但是有很多企业的财务部门只能被称作 stopping department，也就是"终结者部门"，什么事情一到财务部门签字，就无法进行下去了。之所以会出现这种情况，就是因为某些财务工作者缺乏合作精神。

实际上，我始终要求我的财务团队可以对业务部门说"不"，但是在说"不"的同时，财务人员也需要同时提供 1~3 个解决问题的方案，同时这些方案是可以落地执行的。而不是说一个"不"字了事。基于企业战略，财务部门可以在工作范围内给出自己的建议，然后和业务部门进行讨论，这样才能拿出真正解决问题的方案，而不是成为业务部门的阻碍。如果双方出现了原则底线上的分歧，当业务部门不接受财务部门的意见甚至要突破法律底线的时候，财务人员可以向 CEO、董事会，甚至是会计师事务所寻求帮助。财务人员还是要保护好自己的专业底线，这其实对未来公司长远发展是有利的。

其次，我们来聊聊重要性原则。重要性原则的意思是在无关紧要的问题上可以放松条件，用相对灵活的办法解决问题，但是在重要的问题上必须要严格地按照法律、规章制度来处理，避免出现纰漏。

重要性原则甚至比合作精神更重要，这个思路，不光是工作中会用到，生活中也会用到。比如，企业发展阶段可以大致分为：从无到有，从有到优，从优到卓越。在每个阶段都体现出重要性原则。从无到有的时候，聚焦产品的创新、产品的性价比，聚焦挣钱，先活下来。在从有到优的路上，就要更多地关注搭建完善的财务体系，财务与业务相互融合。在从优到卓越的时候，关注企业价值的倍增，与资本的对接。人也一样，在每个阶段要完成每个阶段的重要任务。

在学龄前，要学会生活自理，自己穿衣吃饭，自己洗澡刷牙。步入学校，就要聚焦学习，获取知识。走入社会，就需要成家立业，懂得承担更多的家庭责任和社会责任。这就是成长。

然后，我们来说说财务三观中的实质重于形式原则，就是透过现象看本质。只要把握住这个原则，很多核算问题或者实践操作中的困难都会迎刃而解。这个原则是指企业应当按照交易或事项的经济实质进行会计核算，而不应当仅仅按照它们的法律形式作为会计核算的依据。在实际工作中，交易或事项的外在形式或人为形式并不能完全真实地反映其实质内容。所以会计信息拟反映的交易或事项，必须根据交易或事项的实质和经济现实，而非根据它们的法律形式进行核算。

这里我们举一个例子，比如有的公司并没有恶意去虚开增值税发票，而是无意中接收了供应商提供的虚开发票。而税务局判断公司是否是恶意取得虚开发票的依据，便是根据实质重于形式的原则。出现这种情况后，税务稽查同志首先会看你是否三流一致，这里的三流指的是资金流、货物流，还有票据流。在这三流中间货物流是最重要的，也是税务部门首先查验的，通过物流他可以看出 a 公司和 b 公司是否收发货。其次，便是审查票据流，通过票据流可以看出合同和发票是不是也是 a 公司和 b 公司之间签署的。资金流也应该是在 a 公司和 b 公司之间进行流转。在这三流中，资金流相对来说重要性要略低于其他两流，因为资金流的组成成分可能会比较复杂，比如说，某集团公司子公司与供应商签订了合同，也开具了发票，同时货物也是按时收到，但是子公司资金不足，无法支付，可否由母公司代为支付呢？是可以的。这种情况下，资金流与票据流、货物流并不相符，但是这并不代表子公司恶意取得虚开发票抵税。

不过话又说回来，在某些地方税务机关是严格按照三流一致进行核查的，也就是说资金流也必须一致。在这种情况下，需要与税务机关的执法人员进行协商。

在财务工作中，实质重于形式是一条要时刻牢记的原则，只有这样才能在纷杂的数据中把握事情的脉络，真正地通过财务工作反映出公司的实际情况。

最后来看看谨慎性原则，就是财务人员在对企业进行财务管理时，要尽可能地多考虑到风险，在账务核算和财务管理中要考虑最坏的可能情况。即宁可预计可能的损失，不可预计可能的收益。

同时，我们还可以进一步扩大谨慎性原则覆盖的风险范围，这个范围不仅包括运营风险，还包括法律风险、道德风险等。

总而言之，财务工作除了各种操作技巧等"术"的层面上的技能外，还有更多类似于财务三观的"道"的层面上的原则。当你初入职场，"术"的用处可能更加直观，但如果你想在这条路上走得更远，且尽量不要摔倒，就必须勤于对"道"的思考。

03　如何看待谨慎性原则

在财务管理中，最主要的目标就是在合法合规的前提下实现股东利益最大化。这里所谓的利益最大化，并不是利润最大化，因为利益包括利润，利益的范围更大，在考虑利润的同时还要考虑一些非利润的部分，比如公司战略、品牌发展、商誉等。有时候为了保证利益的最大化，甚至可能会牺牲一小部分利润，通过让渡利润来谋求更大的利益。

而只要谈到了利益，就不得不提到风险。首先，我们得学会评估风险。在日常实践操作中，主要有两种破坏性极大的风险：黑天鹅事件和灰犀牛事件。

17世纪以前，人们普遍认为天鹅都是白色的，直到人们在澳大利亚发现了黑天鹅，以往的关于天鹅是白色的认知就被颠覆了。因此，黑天鹅事件通常被用于指发生概率小，可是一旦发生就会有重大的破坏性影响的事件。就好像在新冠病毒出现之前，没有人预料到它的存在，但它就是出现了，还给全世界带来了巨大的、破坏性的影响。

而灰犀牛事件则是指大概率会发生，发生后同样破坏性极大的事件。就好像灰犀牛远远地在那吃草，你看见它了，你也知道这是个风险，但是你觉得它动作慢，离我们又那么远，好像构成不了威胁。可是，一旦它走到你跟前，猛地向你冲过来，你就来不及逃走了。

当前最有可能的灰犀牛事件是什么呢？我举几个例子。新冠肺炎疫情发生后，各个国家，尤其是美国选择超发货币，导致通货膨胀加剧。在这种情况下，金融危机的风险就会越来越大，甚至可能发生经济崩盘。此外，金税四期和货币数字化的加速到来，对于那些平时做账不规范、纳税不健全的企业来说，就像面对着一只很大很大的灰犀牛。对于这些公司来说，公司结构的调整和税务筹划，一定是未来规划的重中之重。

还有两种破坏性小且比较常见的事件，就是小白兔和金丝猴事件，它们是我们日常工作中经常会发生的风险。只不过相对于黑天鹅事件与灰犀牛事件，这两种事件都不算什么了。这种平常的、反复发生的事件，我们是通过搭建完善的内部控制机制和完善的员工激励政策来进行处理的。这些风险即便出现，也很容易迎刃而解。

第 2 章

立项的学问

04 首先知道"高、刚、海"

立项是决定创业是否成功的重要条件，尤其在当下全球经济波动的大环境下，大家的抗风险能力都有所下降，拉动内需、促进内循环成为趋势，这时选择一个正确的项目就显得尤为重要。而什么样的项目才是值得立项的好项目？简单点来说，它要具备这三个条件，那就是"高、刚、海"。

什么是"高、刚、海"？所谓"高"，指的是复购率高、购买频率高，"刚"指的是人们无法规避的刚需，而"海"则指的是有着海量的潜在客户。只要能满足这三个条件，那么你的创业之路就可以开始了。这么说还是有些抽象，接下来我将举一些实际生活中的例子，来帮助大家理解这三个概念。

婚庆产业是我们日常生活中总会接触的一个产业，但是不知道你有没有发现，做婚庆的公司没有做到特别大的，就连世纪佳缘和百合网这种互联网婚恋公司也是主打社交而不是婚庆。婚庆公司很难做大，是因为它有些先天不足，其中一个表现就是不符合"高、刚、海"这三个条件。

首先我们说"高"。"高"指的是高频，但是婚庆注定和高频是没有关系的，一个婚庆公司很难收获回头客，因为一般一个人一辈子也只会结一次婚，即便是结第二次婚也未必会在同一座城市举办婚庆典礼。而婚庆公司往往和一座城市高度绑定，这也就从客户需求和地域限制两个方面同时决定了这是一个低频低复购的产业，完全称得上是低频行业。

其次我们说"刚"。"刚"这个条件似乎婚庆公司也不是特别满足。曾经婚礼是每个人一生必经的一场仪式，但是在今天这个快节奏高压力的社会中，背负着巨大压力的年轻人很多都选择不举办婚礼，还有一些人会选择旅行之类的更私密的方式来庆祝自己的新婚，所以说如今婚礼渐渐不再是年轻人的刚需，而婚庆公司自然也就不满足"刚"这个条件。

最后我们再说"海"。婚庆公司的目标人群相对来说还是有局限性的。22 岁前没有达到适婚年龄的人群，一般情况下不大会举办隆重的婚礼。还有就是黄昏恋的老人，他们大都是邀请一些亲朋好友聚一下，低调完婚就可以了。

所以婚庆公司可以说是避开了"高、刚、海"这三个条件，也正因此婚庆公司很难做大做强。

我们来举一个正面例子。在美国有一家和婚庆有关的网站却做到符合了"高、刚、海"的条件，这家公司叫 Zola，是给新婚夫妇提供定制礼品服务的公司。新人可以在这家网站上发布自己想要的礼物清单，然后通知亲朋好友认领礼物清单中的礼物。网站会联系厂家帮新人的亲朋好友备好礼物。

公司的商业模式非常清晰，可以帮助新人直接从厂家购买礼物，收取一定的平台费用和服务费。如果亲朋好友赠予的是现金，Zola 收取 2.7% 的平台手续费。当新人觉得买到的商品物美价廉、性价比高，未来就算没有婚庆，也可能会继续通过该平台购买商品。而公司的愿景则是提供新婚服务，实现梦想。这也就使得这家婚庆平台实际上变成了一家电商平台。

我们国家一直在提倡各类创新，这是一个非常值得借鉴的案例，也值得我们财务人员仔细研究，将来用在财务管理领域的创新上。

创业不易，赚钱难，不赔钱同样也难，因为当今的市场环境充满了各种风险，想要从根源上降低风险就一定要把握好立项，而只要你在立项之时坚持"高、刚、海"的原则，就能有效地降低创业的风险，在你的创业路上做出最正确的选择。

05 再说说"大、小、新"

说完了"高、刚、海"，我们再来谈谈关于立项的另外三个要素："大、小、新"。如果说"高、刚、海"的重点是立项前对于项目外部市场的考察，那么"大、小、新"则是锚定创业公司的定位。

所谓"大"，指的是你所处的这个市场的规模一定要大，因为只有蛋糕足够大，分蛋糕的人才能吃得饱，这个道理再简单不过。而"小"则指的是两个方面，一是要找到一个小的切入点，精准进入市场，把握住一批用户的核心需求。二是小成本投入，避免大成本试错。因为初创企业往往会存在资金不足、人员不足的窘境，是不可能一下子占领很大市场份额的。所以，要定位精准客户群体，然后再一步步慢慢扩大自己的产品品类。"新"就是我们老生常谈的创新问题，我们所处的时代日新月异，每年都有足以颠覆市场的新产品出现，所以只有保证我们自己的产品或者项目足够"新"，才能获取更高的毛利和利润，不去和那些已经成熟的大企业打价格战。

说完抽象的概念，我们还是照例来看一个实际案例，来方便大家理解"大、小、新"的重要性。

我的老朋友韩迎娣老师之前做过一个项目，缘于公安部门下发的一个通知。这个通知表示，为了消除火灾隐患，将不允许把电动车停放在楼道里，也不允许在小区里随意充电。虽然规定不允许把电动车停放在小区里，但是小区里的电动车却不会凭空消失，它们反而变得更需要一个合法的充电场所，这时韩迎娣老师团队中就有人提出安装电动车充电桩，于是韩迎娣老师便对这个项目展开了考察。

首先，看电瓶车充电的市场够不够大？肯定够大。使用电瓶车的用户有 2 亿多。但这么大的市场我们拿得下来吗？拿不下来。首先，我们知道每个小区的物业都不同，如果一个小区一个小区地去谈安装电动车充电桩，将非常困难，而且成本很高。其次，充电桩的生产、安装成本和后续的维护、服务的成本都很高，而充电收费又不能太贵。最后，大部分用户都是低频用户，一般人使用电瓶车几天才充一次电。这样的生意算算就知道很不划算。

那么这时候我们就要用到"小"了，要去找到精确的小部分核心用户，而这些用户要符合高频购买，刚性需求的条件，然后再从他们的角度切入考察这个项目的可行性。最终，团队捕捉到了一个核心消费用户群体——外卖小哥，因为他们完全符合充电频率高且电瓶车无处停放这两个条件。可同样也存在一个现实的问题，那就是外卖小哥虽然充电频率高，但是他们需要的是能够一直在路上跑而不是工作一段时间就要停下来等充电，所以一般外卖小哥都会准备好几块电池轮换使用。这么看的话充电桩项目似乎并不符合外卖小哥的需求。况且，充电桩的安装成本高，维护成本高，本来就不是一个很好的项目。

因此团队决定为外卖小哥量身定做锂电池充电柜。相对充电桩来说，锂电池充电柜就完全符合"大"和"小"这两个条件。除了租赁锂电池给外卖小哥外，这个团队还租赁电瓶车和其他外卖小哥需要的配套产品。这就大大降低了维护和服务的成本，而且因为完美地契合外卖小哥的需求，也容易培养出很高的用户黏性。

项目一开始，团队就和美团外卖进行了合作，仅仅半年的时间，现金流入1.9亿元，其中收入5 600万元，押金1.3亿元。

因此，在立项的时候，一定不能忽视创新的重要性，而且要在立项之初就予以足够的重视。在这片市场中只要能抓住关键的创新，哪怕只是很不起眼的小创新，也有可能让你比其他公司建立巨大的优势。

最后总结一下立项的三要素之"大、小、新"：第一在立项之初要注意市场是不是够大；第二要看项目是不是能抓住大市场中的精准客户；第三要看项目是否有足够的创新性，以及未来有没有继续创新的潜力。如果这三点都能满足，那么这个项目在立项之初，就已经成功一半了。

第 3 章

从实际案例看内部
控制的重要性

06　财务管理都干什么

对一个企业来说，发展是硬道理，所以是否盈利、利润多少则关乎企业的生死存亡。那么老板们是否都了解自己企业的盈亏状况、财务收支状况呢？显然这并不是一件简单容易的事情。那么具体而言，老板如何才能知道自己企业的经营状况呢？

首先要做好财务管理。财务管理的逻辑线路是这样的：首先通过业务产生的票据或者是凭证进行会计核算；然后在会计核算所得的数据基础上进一步分析，发现企业经营的痛点，通过内部控制的建设、流程制度的改造为企业纠偏；最终根据纠偏后的数据确定企业的财务战略，制定预算和投融资战略。

我根据以往的财务管理经验，将财务管理分为了六大模块，其中包含了会计核算、内部控制、财务分析及预算、资金管理、税务筹划、投资并购与融资，如图 3 - 1 所示。在这个"用数据说话"的时代，财务管理的创收能力和发展潜力逐渐被认可。

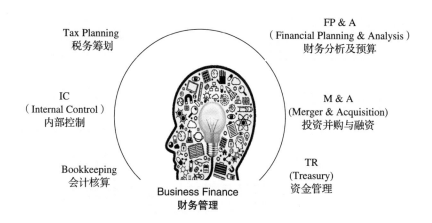

图 3 - 1　财务管理包含的六大模块

将这六大模块按从难到易的顺序进行排列，排在第一位的是投资并购与融资，因为这个模块不仅要求财务人员具有财务思维，还要求其具备金融思维和法律思维；其次是税务筹划，原因是这个模块要求同时了解财务和税法；内部控制、财务分析及预算并列第三，因为这两个模块需要深入了解财务知识与业务；资金管理与会计核算并列第四，这两个相对简单的模块只要求掌握会计专业知识和资金管理知识。

那么，这六大模块是否能给企业带来巨大的价值和利润呢？答案毋庸置疑。其实，即便是预算这个模块，只要肯下功夫，也可以达到节约成本费用、提高效益的效果。由此，我们能够得出一个结论——财务管理部门是企业的价值和利润中心，而不是成本中心。会计部门是成本中心，因为会计核算为企业带来的价值有限。当然在企业的整体结构中，会计是有价值的，但是它的价值是给企业打牢地基，而财务部门不仅是利润中心，更是一台能够为企业各个部门赋能的发动机，在企业后续的发展中起着重要作用。

从图 3 - 2 中我们可以很清晰地看到会计和财务在企业发展的不同阶段具有不同的作用，比如在企业创立初期，也就是从无到有的阶段，"会计核算"充当着较重要的角色，因为企业在创立初期最主要的目的是活着、挣钱，因此产品和运营更为重要；而在后续发展阶段，"财务管理"的重要性就会不断凸显出来。

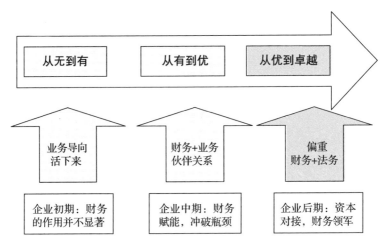

图 3 - 2   会计和财务在企业不同发展阶段的作用

当然会计核算和财务管理之间的上述差异性也与会计和财务这两种职业的发展潜力有着一定程度的关联。2021 年北京一个月薪12 000 ~ 15 000 元的会计人员需要具备的知识与技能是能够编制合并报表，最好还能够了解国际会计准则（如美国会计准则）与中国会计准则之间的差异并按要求进行调整。并且，月薪 12 000 ~ 15 000 元基本上就是会计人员的天花板了。同时，依照如今人工智能迅速发展的大趋势，财务机器人在未来势必会出现并不断完善，届时会计这个行业可能会逐渐退出历史舞台并消失。从这两个层面看，会计的发展潜力相对较小。

　　而财务管理人员在企业中应该是拥有有力武器的"职业特种兵",这个特种兵的职责我们将在下一章通过一些案例来说明。但就财务行业生态而言,目前很多中小型企业不太重视财务,原因有二:第一,这些企业处于发展初期,财务管理并不是特别重要,相对而言,维持企业的运转并获得利润是更加重要的任务;第二,小微企业中负责财务的人员大多都是会计,但目前中国大约有2 000多万名会计从业人员,而财务管理高手并不多,因此这些小微企业进行财务管理的能力相对而言比较有限。

　　然而,换一个角度思考——财务管理高手属于"稀缺资源",也就意味着财务管理这个行业尚未饱和,它还有较大的人才缺口亟待填补。因此从这个层面看,财务管理行业的发展潜力是相对较大的。

　　对于企业经营者而言,在准确把控财务管理的几大模块以及会计和财务在企业成长过程中的作用后,还需要将注意力放到企业的廉洁行动建设上,中国有《中华人民共和国反腐败法》,美国有《反海外腐败法》(Foreign Corrupt Practice Act,FCPA)。

　　有的老板在长时间的企业经营活动中始终秉承着一种错误的观念来管理公司,他们认为水至清则无鱼,因此对于公司内部的贪污和吃回扣的现象视而不见,听之任之。实际上贪污才是企业的第一大敌,很多企业都不是倒在销售问题上,而是倒在了贪污问题上。

　　所谓"千里之堤,毁于蚁穴",不要认为水至清则无鱼,就放任贪污行为,这样只会使贪污者的胃口越来越大,贪污的人越来越多,最终把公司侵蚀得一干二净。

　　在源头上杜绝贪污现象发生的可能无形中就为企业经营收入设定了一个安全阈值,也为企业的稳定发展提供了健康的生态环境。

　　当然什么建设都不是一蹴而就的,即使知道了财务管理、员工廉洁建设在企业经营发展中的重要性，很多企业经营者仍然会面临各种各样的困境。接下来我们就来详细探讨一些民营企业经常面临的十大困境。

第一，建账。曾经有一家公司，产品年销售收入接近 1 亿元，公司却仍然没有建账，没有正式的财务报表，理由是工厂开在很偏僻的山里，请不到合适的财务人员。

第二，缺乏财务战略设计。财务战略设计是基于业务战略设计来搭建的，业务是先导，财务是辅助，是为企业赋能和盈利的发动机，但它不是企业的主导。除非公司本身就是一家投资公司，或者是提供财务服务的公司。

除此之外，企业需要重点注意的还有股权系统和资金系统，这两点在本书中会有详细说明。

第三，股权无设计。一旦企业成长了，要么是合伙股东之间出现矛盾，要么是资本进入后，创始人的控制权很有可能要被抢夺。

第四，资金的使用效率低。资金无管理，多余的资金躲在活期存款账户中睡大觉。或者资金无预测，疯狂扩张后导致资金链断裂。

第五，不做税务筹划。税务一定要做筹划，而且一定要在事前做，不要拖到事中和事后。税务机关在发现公司有税务问题且问题不大的情况下，会有专管员主动联系企业，此时企业一定要配合专管员的工作，将税务问题尽快解决。千万不要达到税务稽查大队来进行稽查的程度。

增值税是国税，个人所得税是地税，增值税需要上交国库，而个人所得税则包含地方政府留存部分。因此，偷漏增值税，就是在偷国库的钱。不要去开票公司购买增值税发票，或者自己虚开增值税发票。根据我国的法律法规，买卖增值税发票、虚开增值税发票是要入刑的。

第六，成本控制。杜绝浪费是企业的重要课题，在这方面下点功夫研究，花点时间可以节约企业大量无谓支出。

第七，预算系统。再小的企业，也应该有一个简版的预算；哪怕是不复杂的项目，也得有个预算。没有预算，项目的可行性就不清晰，而且很多财务的工具和手段也是基于预算的。在这里我们要纠正一个误区，预算可不仅仅是数字上的预算，还有各个业务部门配合写的工作计划书，在有些大型企业叫商业计划书。第二年的预算数字是要配备相应的商业计划的。

第八，报表系统。财务人员是通过报表数据发现企业痛点，然后通过改变企业的业务流程、制度深度影响业务。财务模型有用吗？"哈佛分析框架"、量本利分析法、杜邦分析法，其实在企业财务管理实践中，并不经常用到。

财务数据模型在实际应用中存在一定的局限性。不要过于痴迷财务模型，现实中很多大型的跨国公司、上市公司在其财务活动中并没有用量本利分析法、杜邦分析法或者"哈佛分析框架"。数据模型是死的，企业是灵活的，我们需要掌握的是模型本身想要表达的逻辑关系，活学活用。

创业难，守业更难，因为守业需要有更多的财务思路，对于风险识别的高度要更高。识别风险，但同时还要有冒险进取精神，要做到这一点并不容易。你需要把所有的财务思维融入你的血液中，把它们都参透了，开悟了才行。

政府在大力推动产业升级、税务升级、环保升级，重点审核增值税。金税三期系统简单地讲就是供应商开具发票报税的时候，税务机关就会生成一个票号。你这边接收了增值税发票，你拿到税务局去抵扣，同样也会生成一个票号，这两个票号是一样的，生成的票号也就消了。如果双方有一方没报，就消不了，税务机关就会找到你。

开票公司就是靠开发票挣钱的，开完票把公司一注销，就跑路了，但是没有报票号，于是你的票号就孤零零地留下了。税务机关就会去查，金税三期系统主要就是以票控税，所以千万不要去开票公司开票。

随着金税四期的上线，税控会越发严格。金税四期是以数据控税。大数据系统会根据行业的基本指标，分析你上报的报表数据之间的钩稽关系，让税务监管智能化。在有效节约了人力成本的前提下，让两套账、三套账这样的违法违规操作无所遁形。

我们会发现随着税务监管越来越严格，原来偷税漏税的企业必须要缴税了，这些企业如果不提高盈利能力，盈利点会变得越来越低。之前有的企业靠逃税低价抢占市场，未来这些企业就不能违法了，市场得到了净化。国家希望产业升级，鼓励企业通过产品创新、技术创新提高毛利，没有毛利的企业以后是要被淘汰的。这就形成了良性、有序的市场环境。

第九，内控系统。内部控制需要达到两个重要的目的：第一，控制公司内部贪污舞弊。第二，优化企业的资源配置，让企业资金和资产资本有效地优化和更有效率地运转。完美的内控系统搭建，并不是内部控制手段越多越好，而是内部控制健全的同时让企业运转更有效率。如果企业内部控制不健全，挣了钱又会都漏掉，企业就无法突破瓶颈。

第十，绩效考核。限于章节篇幅及侧重点，本节中不会对这一点进行过多阐述。

在企业财务管理方面，企业领导者还需要对国家政策有敏感性。

就像是数字货币的出现，这是非常重大的一件事情，当人们在一家银行只能开办一张银行卡的时候，你就应该意识到这件事已经开始发生了。

一个人在一家银行只能开办一张银行卡，这样银行监管个人的财务数据会更加方便。现在货币数字化开始试运行了，未来全面执行的时候，从个人到企业的每一次转账都会有数据痕迹，现金的使用会越来越少。目前，银行卡个人对个人转账金额如果超过 20 万元（不同地方的规定还有区别）就算大额转账。要是频繁进行大额转账，就会引起银行和税务机关对你个人资金流水的关注。微信和支付宝这样的第三方平台的金额警戒线则是 5 万元。当然这个金额还是会随着时代的发展有所变化。未来如果货币要是数字化，现金减少流通，只能转账数字化货币的话，连查税都变得透明和方便了。

通常，银行卡里面进账的流水只可能是两种情况：要么是你的收入，要么是你的借款。收入有合法和非法之分，如果个人的卡里经常进钱，你就需要解释清楚每笔收入是否已经报税。如果是借款，那么需要出示你的借款协议。每天银行卡上都有各种各样的人打钱，说这是借款，恐怕难以自圆其说吧。再精明的假账做法，通过对于资金的核查，也会无处遁形。通过系统监控资金流向和税金申报情况，按照目前的科技水平是没有问题的。

金税三期、金税四期以及货币数字化，表明政府开始用系统大数据来管理税收，这样既大大节约了人力成本，还能够更精准地找出偷税漏税的源头。未来，我相信政府会更进一步搭建大数据系统，用以监管企业资金，未来的犯罪成本会越来越高。

点对点的省税就是哪痛医哪。比如说缺发票了就去开票公司买发票，要节约所得税了，就用内外账，这样简单粗暴的违法方式只会把企业带向犯罪的深渊。现在我们在税务筹划上应该更多考虑的是结构性的筹划方案。财务人员需要学会运用合理的公司结构的搭建方式，从而让企业能够合法合规地将税务成本降低。

有一些小微企业，因为没有从供应商那里取得可以抵扣的增值税进项发票，同时企业又不需要给客户开具增值税销项发票，于是就动了歪脑筋，让这部分收入成为了见不得光的收入。一旦被查实，那么就需要补税，交滞纳金以及罚款。遇到购销都无票的情况下，我们该如何处理呢？在这里介绍两种方案。是用核定征收的个人独资企业和个体工商户来解决这个问题。

设立核定征收的是个人独资企业或者个体工商户，这样税点低。在这里提醒一下个人独资企业和个体工商户，最好要搭建在税务洼地，而且是核定征收。核定征收分为定额征收和固定税率征收。定额征收顾名思义，就是每月缴纳核定好的固定税费就可以。核定税率一般是按照你的收入比例，固定一个税率缴纳。不管哪一种方式，都是很优惠的。比如一个月就交 500 元，所有的税都包括了。这种方式为定额征收。这样的税金成本很低，很适合小企业的生存和发展。个人独资企业，它不叫公司，一般叫作工作室、厂、办、中心，通常在各个国家都有这样的组织。个体工商户则是我国特有的一种组织。

如果用了个人独资企业和个体工商户的核定征收，那么企业进行采购时，是否能够取得增值税进项发票就变得不那么重要，可以只取得增值税普通发票。如果企业的客户需要增值税专用发票，小规模个人独资企业可以开具 1% 的增值税发票（新冠肺炎疫情期间规定），一般纳税人可以开具 13% 的增值税发票（技术服务行业 6% 增值税率）。如果客户不需要增值税销项发票，那么企业就计入"无票收入"进行纳税申报。如果企业规模一直维持在小规模纳税人，这样增值税仅有 1% 的税率，同时还不用缴纳企业所得税。

最后还是要提醒一点，个人独资企业和个体工商户行为都是无限责任，会连带到个人身家。因此建议当个人独资企业或者个体工商户的年销售收入超过 500 万元以上，最好转为有限责任公司的一般纳税人，进行纳税。这样的话，就从无限责任转为有限责任了。这里还有一个重要的提醒，就是一定要区分开个人所得和企业经营收入。个人所得应该按照个人所得税税率缴纳，核定征收的个人独资企业和个体工商户所享受的税务优惠，是基于企业行为的。最近发生的网红主播和演艺明星被税务机关要求补税及罚款，就是因为他们将本应属于个人的收入所得记入了核定征收的个人独资企业或者个体工商户中，按照企业经营所得进行缴税，享受了企业的税务优惠。这样的做法是不可取的。首先，核定征收是针对小型企业和小规模纳税人的，网红主播和演艺明星的个人收入通常都远超小规模纳税人的收入标准。其次，企业行为和个人行为是有本质区别的，企业在取得收入时应该以企业名义对外签署协议，企业应该有自己的运营团队，员工缴纳相应的个人所得税及社保，有自己的办公地址及办公室租金，有各项正常的企业活动开支，企业的收入、成本以及费用是配比的，等等。那么这里我们再仔细分析一下，个人收入所得按照税率划分，大致分为三种：第一种方式是按照劳务报酬缴纳，依据 3%~45% 的超额累进税率统一计算并缴纳个税，支付方预扣税款，年终同其他的个人综合所得一起汇算清缴。第二种方式是按照个人经营所得纳税，依据 5%~35% 的超额累进税率计算缴纳个税。第三种方式是比例税率，对个人的利息、股息、红利所得，财产租赁所得，财产转让所得，偶然所得等，按次计算收征收个人所得税，税率为 20%。这三种方式依据的是不同的税率和缴纳方式。

核定征收有利于小微企业的发展壮大。但是在税务洼地成立个人独资企业或者个体工商户也是有缺点的。这样做的缺点就是：①税务洼地的政策不稳定，可能这两年有，过两年就没有了，当没有优惠后，很多人就会选择注销个人独资企业或者个体工商户。②有时候注销个人独资企业或者个体工商户很困难。比如说之前在某些区域注册的核定征收的个人独资企业或者是个体工商户，需要进行税务合规检查后，才可以注销。因此，在税务洼地成立核定征收的个人独资企业和个体工商户这种筹划方式，需要谨慎采用。

我认为，对于那些拿不到增值税进项税发票的小微企业，通常情况下成立小规模的有限责任公司更有效。小规模的有限责任公司增值税只需要缴纳3%，新冠肺炎疫情期间更是低至1%。如果每月的收入没有超过15万元的话，还可以免交企业增值税。净利润在100万元以下仅需要缴纳2.5%的企业所得税，超过100万元低于300万元的部分只需要缴纳10%的企业所得税。这样的话，企业即使取得的是增值税普通发票而不是专用发票，也没有太大的成本包袱。这是国家扶植小微企业发展的优惠政策。这样的税务成本其实已经是很低的了。如果公司的业务类型不同，还可以分别开立小规模的有限责任公司，不同的业务由不同的公司来完成。

对于规模较大的企业而言，要完善自己的供应商体系，将不能提供发票的供应商剔除出自己的供应商名单。如果对外销售时，客户不要发票，那么在增值税申报表附表中，还有一栏叫"未开票收入"，将未开票收入填列，依法纳税。随着税务制度改革的不断深化，我相信不提供发票的企业会越来越少。这个问题也会得到完全的解决。

总之，企业一定要让自己的收入、利润阳光化起来，依法纳税本身就是公民的义务。

另外，除了上述所阐述的十个问题外，企业运营不靠财务分析也是民营企业的一个痛点。管理报表是最真实的报表，财务人员要分析管理报表中体现的优点和痛点，通过数据拨开云雾看到真相。

最后，你会发现有的企业不停地进行报表分析，但是问题就是得不到解决。当问题年复一年地出现，一个好的解决办法就是改变企业的流程和制度。将企业流程量化，很可能就是问题解决的关键。流程和制度中，流程比制度更重要。

企业经营是一个漫长的课题。企业家要结合企业自身的具体情况，最终把自己所学到的理论成果变成现实的生产力。

07　五星级度假村的那些事儿

悉尼著名的旅游风景区，有一家运营了超过 30 年的五星级度假村，属于当地的标志性建筑。它坐落在半山平台上，从山顶俯瞰，整个建筑宛如一只展翅的雄鹰，因此也被称为鹰冠庄园。鹰头是酒店大堂，两翼是客房，分别被称为左翼客房和右翼客房，鹰尾是一些娱乐休闲场所，比如户外游泳池、花园等。

鹰冠庄园是世界顶级设计师的手笔，先后换过 6 任股东，除了本地人外，还有英国人、印度人、日本人等，都来自很不错的大企业。只可惜这些企业并没有把这家度假村经营起来，先后 6 任股东，无一例外都以破产告终。其中最惨的是日本股东，他不仅企业破产，身体也瘫痪了，最后甚至死在酒店里。似乎度假村有一种破产魔咒，谁染上谁倒霉。也正因如此，这家美到窒息的度假村也被称为黑色度假村。

2008 年我由于工作原因前往澳大利亚，目的地正是鹰冠庄园。

度假村的时任股东是一个中国人，英文名叫 Michael，他是一个有几十年运营经验的企业家。上一任股东因为经营不善，导致度假村负债累累，因此 Michael 以极低的价格买下了鹰冠庄园，几乎等于半买半送，条件是帮上一任股东还清度假村的债务。

买下鹰冠庄园之后，Michael 通过关系找到了我，问我愿不愿意帮他运营这家度假村。我大概看了一下度假村的财务报表和尽职调查资料，然后和 Michael 开始了第一轮沟通。当时我们主要讨论了几个问题。首先，评估 Michael 购买度假村这项投资的风险该如何控制。因为在 Michael 之前的几个破产股东都是优秀的企业家，他们都没有办法解决度假村的问题，那么这项投资的风险毫无疑问是很大的。面对如此风险巨大的投资，我加入与否的关键在于确定 Michael 的这个决定是不是一场赌博。

因此，我当时的第一个思路就是"退出"思路。在作一笔投资的时候，我们其实应该先想到的是投资退出路径。比如，在设计股权结构的时候，我们首先要考虑到，要是将来有股东想要退出，退出的路径是什么。股东合资应该有一个概念叫锁定期，它指的是在一个固定期限内，企业合作人尽量不要离开企业，一般是 3 年到 5 年。如果合伙人要在锁定期内离开，那么就要接受相应的惩罚，比如低价转让自己手中的公司股份等。

过了锁定期之后，企业有两种情况：要么盈利，要么亏损。面对这两种情况，如果想要退出的话又该怎么做？通常情况下，大股东有优先回购权，也就是退出的股东在离开的时候，需要向大股东转让自己手中的股份，当大股东不要的时候才可以考虑其他人。这就是退出机制。

　　所以，投资不是赌博，首先要考虑的就是退路。更何况这家度假村历任 6 个股东，无一盈利，风险不可谓不大。因此，我首先问 Michael 的就是：这么大一笔投资，未来你准备如何退出？Michael 很坦白地告诉我，他会给这个度假村的运营团队两年时间，如果两年后度假村不能扭亏为盈，那么他就会通过法律程序遣散所有员工，只留下两名维护人员和两名园丁，然后坐等地价升值。换句话说，如果度假村持续亏损，那么酒店他就不做了，转行做房地产。

　　2008 年正是金融危机席卷全球的时候，悉尼的房地产行业很不景气，可以说正处于地产的黄金洼地。这里插个知识点。房地产属于中长期投资，一般不用太在意 1 ~ 2 年的房价涨跌情况，要把时间线拉到 5 ~ 10 年来看才有意义。有了 Michael 的第二方案，这个投资应该说是很有机会盈利的。因为度假村是当地的地标性建筑，无论从地段位置，还是外观设计来看，都属于上等佳品，可以说未来的升值空间很大。

　　于是我接受了 Michael 的邀约，因为通过第一轮的交流，我感到他是一个有计划、有准备的企业家，看似风险高的投资，其实他是有备而来。

　　其实世界上那些所谓"幸运的人"，人们通常只愿意看到他们的幸运，却没有看到支撑起幸运背后的那些能力。当下的社会中，天上掉馅饼的好事越来越少，成功都是留给有准备的人的。如果你在竞争中失败了，那么大概率就是你准备得不如别人充分。

亏损了怎么办

　　到了现场，我发现这家度假村离市区很远，往返需要五六个小时。这是个什么概念呢？北京市区到金山岭长城的往返时间通常需要五六个小时。如果你在金山岭长城开一家度假村，想让市区的人到那儿上班是很困难的，没人愿意每天上班通勤五六个小时，效率太低了。受此限制，只能招聘长城脚下的当地人，职业素养难免参差不齐，管理上也会有不方便的地方。

何况澳大利亚是个地广人稀的国家，面积虽大，却没有多少人。根据最新的人口统计显示，整个澳大利亚的人口也不过 2 500 多万，悉尼作为澳大利亚最大的城市，人口也不过 500 多万，而同时期的北京，常住人口加流动人口有三四千万，比整个澳大利亚的人口还多。因此，我们当时的招聘范围是非常有限的，考虑到距离问题，再把招聘范围限制到度假村附近的村子里，基本没有多少人了。

相比于澳大利亚，中国的人口红利还是非常明显的。员工达不到工作要求，可以立马换人，因为总有人排着队等待面试。但在澳大利亚不行，人就那么多，想换也换不了，更何况人力成本也挺高的。鹰冠庄园附近是个风景区，地理位置很好，度假村也不止我们这一家，基本上附近的村民全被用上了，这对人员招聘来说无疑是个挑战。

当时我们的度假村一共有 166 名员工，全是当地村民，平均工龄超过 10 年，超过 20 年工龄的员工也不在少数，甚至有人在这家度假村干了三十几年。村民都是老员工了，想换人也换不了，可想而知管理难度是很大的。

对于这样一个熬破产了 6 任股东的亏损企业，拯救它的财务思路应该是什么？四个字：开源节流。

所谓开源，就是增加收入；所谓节流，就是节约成本。对此，稻盛和夫的解释是：成本最小化，收入最大化。要了解收入，首先要看这家度假村的客户群体，我去看了财务报表。对于酒店行业来说，客房的入住率是一个很重要的财务指标。

那么，这家度假村的入住率怎么样呢？对于一家持续亏损几十年的企业，很多人肯定觉得它的入住率很糟糕。但令人意外的是，鹰冠庄园的入住率非常高，一年365天，基本上可以达到天天满房，而且它还不接散客和旅行团，客户群体基本都是企业客户。鹰冠庄园是做企业会议的。因为悉尼四季如春，即便是冬天，环境温度也都保持在10摄氏度以上。再加上蓝山区这一片风景优美，因此鹰冠庄园的企业客户非常多，世界500强企业很多都在这里开过会。而度假村的整体设计也是围绕商务会议来做的，酒店里Wi-Fi全覆盖，安装了大量的大屏幕、可视电话。可以说，度假村就是为商务会议而设计的。一年中，各种MBA、EMBA班包场授课的订单不断。

除了企业客户，度假村的婚礼客户和全球VIP富豪客户也很多，而且大多都是包场。所以这家度假村不接散客和旅行团是有底气的，因为它的高端客户足够多。能通过这些高端客户群体做到高入住率，度假村的收入应该是很不错的。更何况这家度假村还有一个专门做增值服务的增值部。

增值部是做什么的呢？比如说，有一次度假村接待了一个服装学院的客户，这个学院在酒店租了个场地，用于服装EMBA班的授课。因为授课需要，他们想请澳大利亚的模特队过来走秀，让他们的学员现场裁剪布料，现场试穿。于是客户找到度假村的增值部，问能不能三天后帮他们搭出一个T台来。为了满足客户的需求，酒店当天就请了个工程队，用了两天搭出了T台，第三天模特队一到就可以使用了。这就是增值部的工作，客户有什么需求，他们都能想办法满足，想开什么聚会，想开什么舞会，有什么需求尽管提，酒店都能帮你做到。当然,因为这些增值服务都是定制的,所以收费肯定很高。不过,因为酒店的客户都是高端群体,增值服务的生意一直也都不错。

但就是在这种情况下,酒店依然连年亏损。问题出在哪里?

我仔细分析了酒店的各种报表,除了资产负债表、利润表、现金流量表之外,还重点分析了酒店内部各个经营单位的管理报表。

我们先来看看这家度假村的餐厅管理报表(见表 3 – 1)。这家度假村有两个餐厅,一个是法餐厅,另一个是意大利餐厅,我们把两个餐厅的报表数字合并到一起来看。其实报表并不复杂,它就是一个工具,关键要看懂它的内容和意义。能看懂报表中数据背后所代表的意义,再去做财务分析。

表 3 –1   度假村餐厅管理报表

单位:澳大利亚元

	2009 年	2008 年
营业收入	9 342 000.00	10 637 000.00
营业成本	– 6 066 000.00	– 7 113 000.00
毛利润	3 276 000.00	3 524 000.00
毛利率	35%	33%
员工薪酬	– 2 902 000.00	– 3 219 000.00
营业费用	– 900 000.00	– 928 000.00
其他支出	– 290 000.00	– 359 000.00
营业利润	– 816 000.00	– 982 000.00

通过这份报表我们可以发现两个主要问题。首先,度假村中的两家餐厅毛利率都远低于同行。毛利率低了,原因要么是定价太低,要么是成本太高。其次,用人成本也很高,至少相对于同期中国的用人成本来说高了不少。当然,澳大利亚的人工成本高,但必须想

办法在不影响服务品质的同时，提高工作效率。

那么对于一家餐厅而言，正常的毛利率应该是多少呢？光想是没有用的，必须要找到同行的数据进行对比，有了对比才更容易知道问题出在哪里。一般来说，餐饮行业的平均毛利率应该在50%以上。如果餐厅的毛利率低于50%，那么就必须重视起来了，更何况这家度假村是五星级酒店，走的是高端路线，餐饮的定价较高，因此毛利率相对于市场平均值而言，要更高一些。一般来说，五星级酒店餐厅的毛利率应该在70%以上。但看完报表之后我们发现，鹰冠庄园的毛利率只有35%，是同行业的一半。到此为止，亏损的一个原因就找到了。在这里我们要引入一个原则——重要性原则，也就是在分析问题的时候要学会抓大放小，切忌面面俱到。因为人的精力是有限的，我们必须学会花最少的时间，优先解决最大的问题，一步一步来，不要操之过急。相比于员工的薪酬问题，毛利率更加重要，因为一旦毛利率达到70%，就意味着餐厅开始赚钱了，到时候解决员工的薪酬问题也就顺畅得多。

毛利率过低的原因，要么是定价太低，要么是成本太高。我看了度假村的餐厅定价，符合五星级酒店的定价标准，并没有多少问题，那么问题就只能出现在成本上面了。关于采购成本分析，一样适用于重要性原则。因为餐厅厨房采购的食材多种多样，品类冗杂，也就是我们平常说的 SKU 很多。在这种情况下，很难管得面面俱到。比如，你知道一瓶醋卖多少钱吗？你知道一斤龙虾卖多少钱吗？此外，我们度假村的餐厅主要烹饪法餐和意餐，我对这些料理的原材料价格并没有概念，更何况很多食材的商标都是用法文和意大利文写的，我也看不懂。

厨房的食材除了品类繁多之外，成本也非常复杂。比如同样是羊腿，不同部位卖的价钱就不一样。就算是同一个部位，不同品牌的成本也不一样。比如买火腿肠，买金锣火腿肠还是买双汇火腿肠，价格就不一样。此外，诸如蔬菜、肉、蛋、奶、海鲜这类食材，价格每天都在波动，尤其是海鲜和肉类。食材品类多，价格波动频繁。我不是大厨，不专业，在这种情况下，怎样审核成本，如何查到食材的真实价格？对于经验不丰富的管理者还是有一定难度的。

具体解决方法就是遵循上面提到的重要性原则，即抓大放小。比如审核肉类成本的时候，就找那些采购量大、采购金额多的品种，其他的先不管。对于其他品类也是如此，比如饮料，可乐和牛奶的采购金额最大，那么就先关注可乐和牛奶。在清单中找出采购金额最大的五个存货品类进行重点分析。这样就能在复杂繁多的成本种类中去繁就简，提高效率，尽快解决问题。

经过这样一系列操作后，我很快发现了问题。通常来说，酒店餐厅的食材采购量是比较大的，供应商会给一个比较优惠的价格。但是，度假村的采购价却和外面超市的食材售价相差不多。我很快召开了高管会议讨论这个问题，高管们给我的解释是运输费导致的。因为我们的度假村在山上，运输费用比较高，我们的食材采购价格能和山脚的超市售价一样，就已经很优惠了。就好像你在泰山山顶买矿泉水，价格总是要比泰山山脚贵很多一样。

这个解释听起来有些道理，但真实情况怎么样，还是要实际考察一下。考察之后我发现，我们度假村旁边有一条高速公路，从高速公路过来有一条柏油路。大卡车是可以从这条柏油路通行的，而且花费的时间也不长，只需要40~50分钟。在这种情况下，高管们的解释就有些站不住脚了。只要是货车能通行的地方，运输费用就不应该太多地影响采购成本。

有此疑问后，我进一步调查了公司的采购体系，发现整个度假村的各个部门都是由部门负责人进行采购，采购中多有贪污。比如，清洁部门负责采买一次性拖鞋、肥皂、洗发液、枕套、床单、浴巾等物料，部门员工从中拿回扣；度假村的酒吧，有人贪污威士忌、白兰地、红葡萄酒、白葡萄酒等各种酒；增值部门则是将工程外包给工程队之后，索要回扣贪污；至于厨房就更不用多说了，厨房采买的食材品种多，成本每天都有波动，贪污更加严重。度假村的各个部门全是自行采购，部门主管权力过大。这样一来，这家度假村贪污成风，各个部门都有自己的一套回扣方案，也就不足为奇了。

其实贪污腐败现象不分国界，不分种族。如果不做好内部控制，任由各个部门贪污下去，企业迟早会被贪污慢慢腐蚀，直到以破产清算告终。通常整治企业内部贪污有两种方式，第一种是杀鸡儆猴，但是这种方法不适用度假村，度假村各个部门贪污已经生根了很久，且已经形成了一个利益网，杀鸡儆猴效果有限，容易按倒了葫芦起了瓢。第二种是道德感化，这种方式需要花费足够长的时间，而我并没有那么长的时间。当然任何问题的解决，都不会仅仅有两种方法，我们还能想到其他的方法吗？比如发奖金，搞承包，还是给员工股权？这或许是解决办法，但我认为并不是最佳解决方法。靠给钱解决贪污问题，只要钱给得没有他们贪污的多，那么效果就不会太好。要知道，这个度假村已经有 6 任股东破产了，说明他们贪的绝对不是一点半点，他们不单单贪污了度假村的利润，而是连股东的投资都贪污了。也就是说，整个度假村的 166 名员工互相勾结，组成了一张贪污的大网,企业的利润和股东的钱慢慢流入他们的腰包。这是股东和员工之间利益的博弈,只有一方彻底落败,方能终止。

如何解决这个问题?只有从采购的流程、制度和体系下手,才能从根本上改变这个度假村的贪污状况。我想到的第一个办法是集中采购。因为既然采购是贪污的高发地,那就从采购入手解决。传统的方式是做中央集权式的管理,将每个部门单独的采购权收回总部,在总部另立一个部门掌握所有的权力,这个办法听上去不错。

确定这个方案之后,我抽时间来到市区集团总部找到 Michael,把我的办法告诉他。首先,度假村的各个部门不允许直接对外采购,度假村在市内成立一家采购公司,对外进行集中采购,度假村各个部门只能给采购公司下订单,采购公司对外进行招、投标,询、比、议价,统一进行采购后再一起往度假村送货。

听完我的解决方案之后,Michael 说,我们一年大概有 3 000 万元的采购金额,如果成立一家新的采购公司,除了会增加度假村的运营成本之外,更重要的是,你怎么能保证新公司的采购人员不会和新的供应商产生新的贪污关系?因为就算成立了新的采购公司,招投标过程中不也有围标、盲标、串标吗?所谓围标,就是采购人员上报的几个供应商全部是和他谈好了回扣的供应商,无论最后决定和哪一家合作,采购人员都能拿到回扣。换句话讲,这个方案不过是新瓶装旧酒,并没有从制度上根本地解决贪污问题。

最后 Michael 把我的方案否了,并希望我想一个更好的方案。我之前提到过,财务部是业务的支持部门,当业务负责人提出合理的要求,财务管理人员就要在不违反法律的前提下尽量配合,并给出新的方案。

　　回到度假村之后，我又认真考虑了一下。我也曾想过要不要找个外包公司，但我最终还是否定了这个方案。因为我们是一家五星级度假村酒店，如果大量业务外包，很容易影响声誉。比如外包清洁部门，一旦客人丢了东西，就很难找到责任人。厨房更是如此，澳大利亚的餐饮业是有严格资质审核的，对食品卫生安全的要求非常高，不是说换就能换的。更何况，外包公司的质量水平大都有限。因此，外包方案并不理想。

　　最后，我用了两周的时间，想出了一个更加大胆的解决方案——网络采购。要知道，当时是 2008 年，全澳大利亚可能还没有一家五星级度假村通过网络进行采购，我们算是第一个吃螃蟹的人。这样的考虑是基于度假村附近的村子人口较少，再加上还有其他的很多小酒店和小度假村在抢夺本就不多的人力资源，所以换人的想法基本上就打消了。而网络采购是改变了采购的平台，不需要改变人员的配置，也算是绝处逢生的一个办法了。

　　网络采购的好处在于价格公开透明，即便每天波动，我也无须审核商品单价。我所需要做的就是找一家规模足够大、有一定客户量，并且已经稳定运行了一段时间的网络超市平台。当时澳大利亚三大食品公司都有自己的网络平台，我让 Michael 给我指派了律师，一起去和这三家食品公司进行谈判。其中有一家叫 Australia Food（澳大利亚食品公司），很正规。我跟他们接触了几次，对方一听我们每年有 3 000 万元的采购量，马上组织了一个三人小组，一个经理带两个主管跟我们来接洽。他们许诺，第一年给我们 95 折的采购价格。也就是说，我们用自己的企业账号登录，看到的价格都是打了

95 折的。如果我们在当年达到 3 000 万元的采购量，第二年就给我们 9 折的采购价格，第三年给 85 折。这样一来，我们度假村整体的采购成本就降下来了。

澳大利亚食品公司的网络平台是针对澳大利亚全境的，不光采购价格透明，而且他们还为其他的一些澳大利亚机构提供商品。这个平台是从 2007 年开始运营的，之前那些破产的股东们，没有赶上网络科技发展的浪潮，毕竟在此之前，网络采购还算新鲜。因此，企业家在学习接受新事物的时候，不要固守以前的管理方法和工具，一定要与时俱进。现在已经是互联网＋的时代，财务管理思维也应该紧跟时代潮流了。

除了采购价格公开透明之外，使用网络平台采购还有一个好处，那就是我不再需要收回度假村各个部门的权力了。各个部门的负责人只需要登录企业账号，选中小推车直接购买就可以。每个月我们和食品公司统一结账。此外，我还要求澳大利亚食品公司在后台帮我做一个小小的改进，就是度假村各个部门用小推车订购后，不是直接在网站上形成订单，而是通过后台转到了我的邮箱里，由我做二次审核。我不用特别关注采购定价，因为都是网络定价。我仅仅是审核采购数量，从而确保库存的周转速度。当然，重大的采购我还是会从价格到数量都一一审核的。

确定网络采购的方案之后，度假村各个部门在中午 12：00 之前都要通过小推车订购完毕，我在 12：30 以前全部审核完毕，形成订单，转到澳大利亚食品公司的后台，他们就会在下午 5：30 之前做好配送，通过大冷链车运送最新鲜的食材到度假村。

可以说，到此为止问题得到了解决，应该皆大欢喜了。但是，我把这个方案给到 Michael 之后，就提出了辞职。为什么？

09　用兵之道与内部控制

为什么我会在问题解决之后提出辞职？

我干了一件什么事情？砸饭碗的事情，而且还砸了 166 个人的饭碗，人家搞不好就会来砸我的脑壳。不要忘记，改革是需要流血牺牲的。度假村 100 多名员工贪污了 30 年，我一个外国人过去说要改革，一下切断了别人的外快来源，人家可不就要和你翻脸。更何况，这些员工不单单是一起工作的同事，更是生活在一起的村民，改革难度可想而知。别说我是个中国人，就算是澳大利亚本地人，也不一定能把这事干成。

于是我找到 Michael，开玩笑地说，要不老大你来改革吧，你"体积"比较大，打得过这些村民；我文弱书生一个，大腿都没人家胳膊粗，真发生了什么事，打也打不过，跑也跑不掉。

解决方案虽然好，但很可能无法落地。因此我提完辞职后跟 Michael 建议，要不你再找一个人帮忙落地吧。在你找到新人之前，我先干着，什么时候有了合适的顶替人选，我就什么时候离开。Michael 听完没有说话，想了一会，然后让我先回去，给他一点时间找人。

回到度假村一个月后，我接到了 Michael 的电话。他说，齐昊，我觉得这件事就你能干，我想和你对赌。

那是我人生中碰到的第二次个人对赌。第一次是和我父亲，第二次就是和 Michael。他说，如果两年内我能将改革方案落地并且取得成功，让度假村利润达到微盈，哪怕盈亏平衡也可以，这样就赠送我度假村 20% 的股份。但在改革的这两年，我只能拿到原来工资的 1/3。改革成功了，工资自然也会一并补齐。正所谓风险越大，收益越大。想要"躺赢"不太现实，任何成功都是需要冒险的，因此我答应了 Michael 的对赌提议。

答应归答应，虽然潜在的收益增加了，但是困难可一点没少。具体该怎么做？穿防弹衣吗？练武术吗？都来不及了。

因此，这时候就需要讲战略战术了，通过辞职以退为进，给股东一点时间考虑。如果股东挽留，就说明他已经想明白了，决定信任你。未来即便改革途中遇到了问题，他也愿意发自内心地给你更多支持，因为信任你是他的决定，支持你就是支持他自己。这就是你索要股份和股东主动给你股份的区别。可是如果股东真的找到人顶替我了怎么办？为了改革的顺利推进，我也只能接受。股东的全力支持才是改革能顺利进行的基石。

为了得到这 20% 股份，我后来在澳大利亚这个山沟里干了四年。

商场如战场，商场博弈和行军打仗没什么区别，孙子兵法和毛主席的战略战术，是很值得研究的。当敌人强大的时候，弱小的一方要取得胜利，最好的方法就是：分化瓦解强大的敌人。

度假村的 166 名员工虽然都是附近的村民，但他们是亲如一家的兄弟姐妹吗？不是。他们之所以团结在一起，最根本的原因就是两个字：利益。既然他们因为利益而存在，那么打蛇打七寸，遇事抓关键，只要打破他们的利益同盟，就能从内部瓦解他们。如何打破利益同盟？关键在于制造不公。我的方法是让一些人继续贪，甚至比以前贪得更多，但有一些人不能贪。

这样一来，敌我对立关系就变成了敌人内部的对立关系。公司政策是我们定的，我们只需要改变游戏规则，在政策上有所倾斜，这样不等我们动手，敌人就先内部消耗起来了。他们打起来之后，肯定都会来找我，因为我才是最终的裁判。到时候，我们就有机会拉拢一拨人，对付一拨人。这样一来，改革成功的概率就大大增加了。

现在的关键问题是，如何找到一个关键性人物作为切入点？

这里说句题外话，计谋策略并不都意味着阴险狡诈，关键在于初心。只要初心好、发心正，那么我们的谋略就是正义的，是有战略价值的。无论在哪里，职务贪污都是违法行为，度假村的员工们本身就是不正义的一方，所以不管我们使用什么战术战略，只要行得正，坐得直，就不怕为人诟病。

回到正题，如何在度假村找到一位关键性人物？一般来说，一家酒店或一个度假村里面，最受欢迎的部门就是餐饮部。因为餐饮部负责度假村有所有员工的工作餐，很多部门的员工饿了之后，也会跑到餐饮部找厨师要吃的，所以大家和餐饮部的关系都不错。另外，度假村的不少熟客之所以常来，目的就是享用餐厅的饮食，因此对于我们来说，餐饮部也是很值得重视的。

餐厅的后厨一般文化水平都不是很高，行为举止相对随意。对于我这个文人来说，如果搞不定这些"老武行"，改革中途是可能要出大事情的。更何况，餐厅的大厨人缘极好，是度假村当之无愧的无冕之王，拉拢了他，就相当于拉拢了一大批后厨的人，所以我必须优先搞定大厨。

确定目标之后，我找来了律师和私家侦探（这在澳大利亚是合法的），查他的违法证据。因为度假村早已贪污成风，人人都不干净，所以证据很好找。有了这些证据，我选了个周六，趁他办公室只有一个人的时候，拿着一叠厚厚的资料径直走到他面前，放到桌上，说："股东发现度假村的各个部门都在贪污，所以我们就调查了一下，这是你的资料，你自己看一下。"

他没有说话，低头看着资料。我继续说，"前面 6 任股东都已经破产了，如果你们继续贪污，想必现任股东也很难幸免。对此，现任股东的想法是，如果两年内度假村无法实现盈利或者盈亏平衡，那么他将会遣散所有 166 名员工，坐等地价升值，转行做房地产。也就是说，如果你们继续贪污下去，到时候大家都没有工作。

为了解决这个问题，我打算给度假村更换一家采购平台，但我需要有人支持这项改革。在所有的员工当中，我首先选中的就是你。因为我觉得无论是能力、执行力，还是责任心，你都是非常优秀的，你的团队也非常团结。所以我希望跟你一起合作。当然我知道，你们厨房也有贪污，每年贪污了多少，我这里都有调查来的数字。

采购平台更换之后，食品采购的供应商自然也会更换。但是我会保留你的整个团队，你手下的人收入都不变，因为更换平台和损失的那部分钱，我会以奖金的形式发给你们。另外，我会在此基础上，再在工资总额上增加 20%，作为你支持我改革的回报。我可以承诺，只要我和股东都在，你的工资可以光明正大地拿，再也不用偷偷摸摸地贪污了。

当然了，你也可以选择不和我站在一起，因为毕竟你们很多人都是兄弟。只不过那样的话……"随后我从兜里掏出一张空白的律师函，放在他面前，"你就在这份律师函上签个字。下个星期咱们法庭见，因为你的贪污资料最全。你可以慢慢看资料，我明天等你的答复。"

大厨的反应很快，他说他不用考虑那么久，他早就对度假村各个部门的贪污行为深恶痛绝了。他决定站在我这一边帮助我改革，并且保证只要有他们团队的支持，我的改革一定能够落地成功。

改革开始执行之后，首先跟我闹的不是酒店的员工，而是原来的供应商。我这一改革，一下子就断了他们的经济来源，所以他们都非常激动。为此，他们有人砸我家玻璃，有人给我送红包，还有人跑来找我哭的。当然，他们毕竟是外部的，对付他们的方法很简单，就是加派保安。外部人员闹完了之后，内部员工也开始闹，不过我毕竟已经有所准备了，所以内部员工的行为并没有给改革造成大的困难。整个改革过程持续了两年多，两年之后，这些时不时闹事的人也终于消停了。

因为改革的顺利进行，一年之后，度假村扭亏为盈，第二年度假村盈利 100 万澳元，我也由此在悉尼挣到了第一桶金。因为酒店盈利，地价上涨，当地政府有意回购，给出的价格十分可观，所以第四年的时候，Michael 就把酒店卖了。

第 4 章

内部控制第一步——
看懂财务报表

10 报表分析抓关键——利润表的三个核心数据

财务报表可以最直观地反映企业的基本经营状况，它通常包含很多类别和内容，比如资产负债表、利润表（也叫损益表）、现金流量表或财务状况变动表、附表和附注等。这些表格分别有着各自的侧重点，各表格内容之间也体现了轻重缓急的不同，所以在进行分析时就应该注意将主要精力集中在相对关键的部分，有重点地查看数据。

现实中有很多企业经营者在拿到几份财务报表后不知道从哪里下手，比如某企业老板在收到利润表（或叫损益表）和资产负债表后却不知道先看什么数据，或者是直接扎进所有的数据里面，埋头于这些数据中，但结果往往是研究了半天也找不出任何重要的信息。这都是因为还没有摸到财务分析的大门。

那么，作为一个企业的老板或者是业务高管，该怎样看报表呢？首先应始终记住一点——遵循重要性原则，即抓大放小，挑出重要的数据来分析，从而节省时间，提高效率。

接下来我们就以利润表作为财务分析的例子来看如何在实操中遵守重要性原则。利润表在财务报表中往往有着不可或缺的作用。

那么如何看明白利润表？首先，利润表的核心数据是什么？收入、毛利率（毛利额）和净利率（净利润），接下来我们就来仔细看一下这三个数据的相关内容。

一、收入——盈亏平衡点

首先，企业家要明确本企业的销售收入是如何确认的，销售收入的确认原则，对于财务负责人和业务负责人都非常重要，这是收入的根基。在以后的内容中我们会讲到收入确认的原则应该是什么。

作为企业家还要知道盈亏平衡点在哪里，也就是企业每月最少需要销售多少产品，或者提供多少服务，才能够保证企业的现金流达到平衡，那么超出的部分就是盈利了。

其实盈亏平衡点在生活中司空见惯。出租车司机和滴滴打车的司机知道他们一天应该挣多少钱，知道要接多少单才和成本打平，之后再多接的单就是自己挣得的钱。而这个临界点就是盈亏平衡点。

司机会计算盈亏平衡点，企业也需要在财务利润表或者现金流量表里计算盈亏平衡点。同样，身为老板也必须要有盈亏平衡的思维。

二、毛利率与毛利额的奇妙关系

毛利额和毛利率要一起看。因为这里面有一个误区，多数人以为，毛利率高的产品就是好产品，毛利率低的产品就是不好的产品。

其实并不是这样的，毛利率低也并不一定代表不好。

优衣库衬衫卖 199 元，性价比已然很高了，但在搞促销活动的时候它还在打折。这么低的毛利率，会盈利吗？不会赔钱吗？当然不会赔钱。如果赔钱，优衣库就不会销售这款产品了。在零售行业中，销售低毛利产品的目的多数是引流。虽然衬衫的毛利低，销量也大，它总体上的毛利额并不低。更重要的是，它还能带来大量的客流，就我们所知，流量本身就是有价值的。这样的产品还能够帮其他的商品引流，何乐而不为呢。客人进来以后，不一定只会买这一款产品，只要客人多买了几件，那么其他的商品毛利高，就可以反哺低毛利的产品。所以产品的定价组合是需要进行设计的，既要有高毛利的，也要有低毛利的，从而形成组合定价，这样它们才会起到 1＋1＞2 的作用。毛利率高的产品也不一定好，它可能会因价格过高，导致销量低，产品毛利额也不一定就高。所以企业老板不要小看毛利率低的产品，只要流量够大，一样会带来高的毛利额。

三、毛利率的比较——同行业比

对于毛利率，企业每个月不仅要和自己之前的数据进行对比，也要与同行业的其他企业进行对比。这样就必须要知道同行业企业的毛利率。什么是同行业？格力和美的是同行业的企业吗？并不算是，美的是做各种小家电的，格力是做空调的，两者不能直接拿来对比。能拿来对比的应该是将美的的空调公司和格力公司的毛利率进行对比。所以要注意细节，就算是同行业也要注意，要清楚与之对比的是什么。

利润表里面的收入也好，毛利率（毛利额）和净利率（净利润）也好，都要将每个月的数据列示出来，看每个月的数据是如何波动的。最好是用曲线图展示，再去分析这些波动是如何形成的，同时还要进行同比和环比的比较。

四、同比和环比

关于收入、毛利率和净利率，还要有同比、环比的概念。同比是将今年的数字和去年同期的数字进行对比。环比是将这个月和上个月的数字进行对比。

看环比的同时也要看同比。环比高了，这个月比上个月的收入、利润增加了，并不代表企业效益好。反之，也不能代表企业效益不好。所以看环比的同时还需要看同比。不能为了比较而比较，还要知道它背后的意义是什么，以及为什么要进行同比。

同比会去掉淡旺季的区别。比如服装行业的淡季是 8 月，顾客在 6、7 月的时候就已经把夏天的衣服都买了。到了 8 月，顾客已经有了很多的夏装，商家也在处理一些滞销库存，打折甩卖，而秋装还没有大规模开始销售，所以 8 月就是淡季，对于北方地区来说更是如此。因此，8 月的销售额会比 7 月有所下降，这是因为淡季来了，属于正常现象。

相比 7 月，8 月的销售额下降并不代表企业向劣势发展。因为这是季节因素导致的，所以只有和去年同期比才能得出正确结果。如果销量比去年同期好，则代表企业还是在向好的趋势发展。

凡是受淡旺季因素影响的企业，同比数据就会更加重要些。所以损益表要有重点地去做，要知道环比和同比背后的意义。

通过对上述三个关键数据的把握和相关分析，我们可以比较客观地了解企业的营业状况，以及在全行业的综合状态，并可以根据这些数据以及数字彼此之间的关系制定下一步的经营计划。

11 财务报表的细化——准确把握财务报表的时空单位

前一节中我们知道了在对企业利润报表进行分析时应该关注相关的动态数据，即所谓的同比和环比。一般情况下，企业的财务人员在进行报表统计时都会遵循一个比较恒定的时间规律，同比或环比的时间段在一定程度上直接由企业财务报表上交的时间所决定。

在经济活动中，我们会发现有些企业是按月进行比较的，有些是按周比较的，有些是按季度比较的。我们通常将不同的时间长度用专属的符号表示，比如一般默认 Q1 代表第一季度，Q4 代表第四季度。那么环比在财务报表里体现的就是 2019 年的 Q4 和 2020 年的 Q1 数据在进行对比，而同比则是 2019 年的 Q1 和 2020 年的 Q1 的数据相比，比如表 4 - 1 就是某个企业的环比和同比数据情况。

表 4-1　财务报表

单位:万元

项目		2019Q1 实际	比例	2019Q4 实际	预算	2020 年 Q1			财务比例	同比增长 %	环比增长 %
						1~2 月	3 月	实际			
收入	A公司	90		180	170	110	60	170		89%	-6%
	B公司	30		40	35	30	10	40		33%	0
	C公司	15		17	20	8	4	12		-20%	-29%
	D公司	52		47	60	40	15	55		6%	17%
	小计	187	毛利率	284	285	188	89	277			
成本	A公司	45	50%	92	85	60	28	88	48%	96%	-4%
	B公司	16	47%	19	16	11	5.5	16.5	59%	3%	-13%
	C公司	7	53%	8.7	12	6	4.1	10.1	16%	44%	16%
	D公司	26	50%	23	30	21	10	31	44%	19%	35%
	小计	94	费用率	142.7	143	98	47.6	145.6			

（续）

项目		2019Q1实际	比例	2019Q4实际	2020 年 Q1				财务比例	同比增长%	环比增长%
					预算	1~2月	3月	实际			
费用	A公司	40	44%	80	40	30	11	41	24%	3%	-49%
	B公司	8	27%	15	10	6	3.5	9.5	24%	19%	-37%
	C公司	3	20%	9	6.5	5	4	9	75%	200%	0
	D公司	20	38%	17	23	18	9	27	49%	35%	59%
	小计	71		121	79.5	59	27.5	86.5			
	利润率										
利润	A公司	5	6%	8	45	20	21	41	24%	720%	413%
	B公司	6	20%	6	9	13	1	14	35%	133%	133%
	C公司	5	33%	-0.7	1.5	-3	-4.1	-7.1	-59%	-242%	914%
	D公司	6	12%	7	7	1	-4	-3	-5%	-150%	-143%
	小计	22		20.3	62.5	31	13.9	44.9			

　　那么，这个企业为什么要按季度进行财务分析呢？报表分析的时间长度到底是根据什么来设定呢？

　　其实是根据企业规模来定的。比如上市公司一般按季度进行，因为上市公司体量较大，经常会有报销跨月、收入和成本支出跨月的现象。这样，财务人员很难在一个月内完整精确地将所有数据记账，这就是我们在会计核算中常见的截止日问题（cut-off date 问题）。因此，规模大的企业使用季度比会比较恰当，企业可以要求所有业务人员报销的费用，成本发票，合同收入，尽量在当季度完成，不可以跨季，而一年只有四个季度，相对来说完成起来比较容易。如果企业每个月都要求他们在准确的截止日期将收入、费用以及成本处理完，工作量会很大，而且没有效率。因为有些员工可能要出差超过一个月，不能按月报销。同理收入也是。在月末签的合同，也发了货，可是对方第二个月才确认收货，开出发票，才能在账上确认收入。这样的现象对于业务规模较大的大公司来说是会经常发生的。

　　因此，机构越大，按季度分析会更有效率。机构越小，规模越小，比较周期就可以短一点，比如按周、按月。具体怎样操作，是根据企业的规模与效率来决定的。

　　据此我们知道不同规模企业的财务报表所应遵循的时间规律，那么还有一个问题，财务数据的准确性又该如何把控呢？这里我们介绍一种方法，即采取分部门的方式进行独立核算。因为通常情况下表格制作好了之后我们不仅仅会用报表进行分析，发现企业痛点，还会根据报表进行成本及费用的控制，而这一操作的关键出发点和根本依据就是切实准确的会计核算，即按部门进行的财务数据统计，只有准确把控各个部门相应业务的准确数据，才能进行良好的成本费用管控和财务预算管理。若一个企业的会计核算不能细分到部门，那么又如何对企业中各个部门的绩效进行考核，又如何保证部门绩效得以落实到个人?

举一个简单的例子,通常一个公司的费用预算是按部门进行汇总的,而今年的数据是已知的,作为财务管理者就可以按实际情况要求每个部门在下一年减少2%的费用支出。此时若会计核算没有分部门,则意味着无法进行部门绩效考核。责任不能落实到部门,不能落实到人,那么降低费用,就变成了一句空话,并且现在有了专门的财务软件,在软件和系统中进行部门核算是十分简便的。

如何分部门进行财务数据核算呢?很简单,先从报销凭证这个环节改变。具体做法可以是这样的:业务人员在填写报销凭证的时候,先填写我是属于哪个大区的,我是属于哪个公司的,我是属于哪个部门的,我叫什么名字,然后财务工作人员会将这些信息录入财务系统,未来需要财务数据的时候就可以直接从系统中抓取出来。想要以大区为维度进行财务分析也好,以公司为维度进行财务分析也好,或者按照部门、个人分析,只要发布一个指令到财务系统就可以了。

经常有人说做不出预算,其实是平时核算时就没有做到分部门核算。因为各个部门都不知道自己的费用,没有历史数据进行参考,所以也就无法估算下个年度的预算。归根结底,无论是财务分析还是财务预算,做到分部门核算会便于未来的管理。当然,这里也有特殊情况,对于零基预算而言,有些公司也是不参考历史数据的,因为零基预算就是每年的预算都是从零开始预计的。

12 如何区分成本与费用的概念

很多人都知道净利润 = 收入 − 成本 − 费用,收入和成本是企业经营活动中的两个最重要的指标数据。

　　本节让我们先了解一下什么是成本。说到成本，很多人都会将之与费用的概念相混淆，确实，它们的区别是基础财务中一个比较难把握的点，即使是已经踏入财务领域的初阶财务人员也有可能会在这一问题上纠结。那么在实际操作中，究竟应该如何对这两者加以区分呢？

　　从狭义上来讲，成本与费用的区别在于它们和主营业务收入有没有直接联系。有直接联系的支出就是成本，没有直接联系的就是费用。比如，在一个生产型企业，总经理的工资就要计入管理费用中，因为总经理与车间的生产没有直接关系，属于间接关系。因此，他的工资属于管理费用，而流水线上工人的工资是计入生产成本的。

　　假如你成立了一家教育机构，需要教室供学生学习上课，还需要老师负责教学。如果没有这两者，就招不到学生，教育机构的收入就无从谈起。因此，这两者与收入是直接挂钩的，上课的教室和教师的工资属于成本。同时，这个教育机构的后勤办公人员也需要有个办公室办公，因为办公室的"有无"并不会直接影响到开班收入，哪怕教育机构这个月没有开班，但是这个办公室依然要继续存在，否则公司就倒闭了。因此办公室房租就要算作费用。

　　同理，市场支出属于费用也是如此。因为就算教育机构不开课，也需要做相应的市场宣传，像广告费、宣传费这类市场支出一样都少不了。这些费用不与开班直接相关联，只是间接相关，就算公司没有收入，该花的钱一分都少不了，所以只能把它们计入费用中。

　　但成本不一样，有收入就会有成本。教育机构想要开班授课获得收入，就必须要有讲课的教室，需要聘请讲课的老师。成本和收入是紧密相连的，它们之间的关系更像是形影不离的伴侣，有此有彼、密不可分。我们只要稍加留意就会发现，这样的关系非常多，最常见的比如说销售收入和销售成本、营业收入和营业成本等，它们之间大多都是同时出现的。因此，当我们提到收入的时候马上就要想到成本，提到成本立刻就要想到收入，两者必须匹配来看。

当然即使初步了解了成本控制的基础概念，在经济活动中的实际操作仍然可能面临一些意料之外的突发情况，但我们要明白一个道理，对于任何人而言，不管是学习财务知识还是其他的知识，基础永远都是最重要的。想要学得好，就必须在基础扎实的前提下善于变通，善于从不同的角度多加思考，做好总结，这样才能掌握知识的核心内容，在实践中灵活运用。

就比如成本与费用的区分，知道它们概念上的区别只是了解了表象，但如果能在实践中与收入联系起来加以区分，就是在掌握基础之上做到灵活运用，通过实践总结掌握核心思路了。在学习中一定要善于总结，从多方位、多角度去思考。总结掌握了最核心的东西，能够举一反三，那么你也就掌握了核心思路。核心思路有了，管理企业才会更加得心应手。

13　资产负债表——资产负债率

衡量一个企业发展得好坏，有很多不同维度的评价标准和角度，比如管理制度、产品销路、市场前景、人力资源以及资产情况等。本节就尝试从财务的角度来对企业的经营状态和模式进行分析。

大多数人都知道财务最看重的就是报表，接下来我们再着重来看资产负债表。我个人挑出了四个比较重要的指标，将其比喻为四肢，这四个指标就是资产负债率、银行存款、应收账款和存货周转速度，最后是净资产收益率（杜邦分析法）。

资产负债率的计算方法是：资产负债率＝总负债/总资产 × 100%。资产负债率是一个重要指标，用于衡量财务风险的程度，它可以用来衡量企业是否有稳定的财务状况。负债经营如果操纵得当，利用得好的话就可以使公司获得更多利润。利用得不好，那就会给公司造成更大的损失。

从企业安全的角度来看，如果企业的资产负债比例适度，或资产负债比例相对较低，企业的财务状况相对安全。相反，企业的财务结构就非常不稳定。

那么为什么要看资产负债率，资产负债率的重要性是什么？由于资产负债率的高低而造成的影响的好坏，是根据企业内外部的经营状况来判定的，并不是负债率高就好，也不是低就不好。资产负债率对债权人来说的确是越低越好，但对于企业的拥有者和经营者来说就不一定了。

当公司遇到资金缺口的时候，虽然有多种融资方式可以选择，不过主要的渠道还是向银行借贷，而银行肯定先参考公司的资产负债率，再决定是否放贷。

通常我们认为生产型企业资产负债率在60%以下算是比较好的，但是一些特别的公司，它的资产负债率即便高一些，有些甚至超过80%，依然有银行愿意给他贷款，为什么？因为有些行业本身就有高资产负债率的特点，比如说房地产、金融等。

　　不过，近期市场监管部门对于房地产行业出台了新规，对控制房地产企业有息债务的增长，设置了"三道红线"。红线一是：剔除预收款的资产负债率不得大于70%；红线二是：净负债率不得大于100%；红线三是：现金短债比不得小于1倍。

　　金融公司的资产负债率也偏高。因为金融公司、房地产公司都有一个共同特点，需要资金杠杆。高负债，高风险，但行业利润也高。

　　对企业稳定持续的发展而言，资产负债的情况很关键，就有点类似于人体的骨骼，其数据的好坏反映了企业是否健康以及未来企业是否具有持续发展的动力。

14 杜邦分析法

　　我们前面提到的净资产收益率其实就是ROE，它是Return On Equity的简称，代表着投入多少资金进公司与能赚到多少资金，是衡量企业获利能力的重要指标。

　　通过整理目前已经公开的大量数据我们会发现，ROE越高就意味着企业的盈利能力越强，市盈率越高。如果一家上市公司的ROE一直持续升高，那这家公司无疑是非常有发展前景的。此外，ROE连续多年保持稳定，也能代表公司的经营具有稳定性，首先从心理上赢得了投资者的信任，而且也具有可投资的价值。

　　其实提到ROE，熟悉股市和上市公司管理的企业经营者都会自然而然地联想到一个与之相关的方法——杜邦分析法。杜邦分析法是用来计算ROE的一种方法。用普通的分析方法分析净资产收益率，一般是用净利润除以期末净资产得出净资产收益率，而期末净资产的计算则等于期末资产总额减期末负债总额。上述计算需要用到的数据均能在企业的三大报表中找到。

但是杜邦分析法没有这么简单。杜邦分析法顾名思义，是一个叫杜邦的人发明的，这种分析方法最早由美国杜邦公司使用，能让分析者更全面地了解企业的经营和盈利状况。

杜邦分析法可以用到三类指标。我们都知道，营业收入和营业收入是可以抵消的，总资产和总资产也是可以抵消的，最后让净利润除以期末净资产得出净资产收益率。如图 4 - 1 所示。

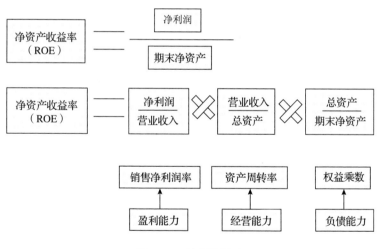

图 4 - 1　杜邦分析法

杜邦分析法将整体分成了三部分进行分析，化整为零地从多方面分析出了更多的结果。第一部分，净利润除以营业收入得出净利率，这反映的是公司的盈利能力。第二部分，营业收入除以总资产，计算出来的是资产周转率，这反映的是企业的经营能力。第三部分，总资产除以期末净资产，这反映的是杠杆。你用了多少杠杆，即权益乘数的高低，说明了公司所具有的负债能力。

如果总资产除以期末净资产的值很大，也就是说如果权益乘数很大，就代表公司用了很高的杠杆，这意味着公司有不少贷款或融资。那么很高的杠杆到底是好还是不好呢？其实杠杆高低带来的好与不好并不是绝对的。

当资产收益率越高，杠杆越高时，则风险越高，同时利润也越大。反之，资产收益率越低，杠杆越低，风险越低利润就越小。所以高杠杆对公司的好坏并不能一概定论，如果利用得当，可以利大于弊。

显然，企业适当地运用财务杠杆可以提高资金的使用效率，但如果过多地借入资金，虽然短时间内会提高公司的利润，但这样做极大地增加了企业的财务风险，而且从长期来看的话，企业会失去赖以生存的根基，犹如沙上建塔，随时有可能倒塌。并且高杠杆中各路资金涌入，难免会有些打政策"擦边球"的状况，长期的高杠杆走势给投资和交易模式带来更多不稳定因素。

但是不管怎样，高 ROE，也就是高净资产收益率，确实令人心动不已。根据价值投资的集大成者巴菲特的建议，15% 以上的净资产收益率是企业必须达到的。据说巴菲特曾说过，ROE 超过 20% 的公司都是好公司。根据目前 A 股上市公司的报表，在 4 000 多家上市公司中，ROE 超过 20% 并不多。可见高 ROE 确实可遇而不可求。

15 让我们来进行报表分析实战（利润表）

企业管理工作中不可避免地要涉及各种各样的表格，不仅仅是财务人员，企业的负责人、业务的负责人也要会看报表，它可以帮你发现企业的痛点。

我们先分析一下利润表（见表 4 - 2）。

表 4 - 2　利润表

项目	2020 年数值（单位：元）
产品销售收入	**31 175 231. 24**
减：销售折扣与折让	0
产品销售净额	31 175 231. 24
减：产品销售税金	218 226. 62
产品销售成本	24 503 731. 75
产品销售毛利	**6 453 272. 87**
减：销售费用	102 325. 00
管理费用	6 209 836. 88
财务费用	- 9 970. 81
产品销售利润	151 081. 80
加：其他业务利润	0
营业利润	151 081. 80
加：投资收益	0
营业外收入	47 783. 11
减：营业外支出	3 698. 06
加：以前年度损益调整	- 519. 23
利润总额	194 647. 62
减：所得税	0
净利润	**194 647. 62**

拿到这个利润表，我们先看什么？

先看三个核心数据：收入、毛利率（毛利额）、净利润（净利率）。

首先，收入怎么看？我们可以按照产品类型进行分类，去识别哪些是爆款产品，哪些是滞销产品。也可以按照区域分析，看看哪个区域销售得更好，还可以按照客户进行分析。总之对收入的分析是根据企业的战略来进行的。

那么销售收入又是通过什么得以确认的呢？不同的人可能会有不同的答案，有人说是按照回款确认收入，也有人说是根据开票或者签订的合同，其实这些答案都不那么准确。首先不同类型的企业其销售收入确定的依据会呈现差异。就比如最常见的生产型企业，其销售收入确认一般遵循五个基本原则，这在中国注册会计师协会编写的《会计》这本书中有明确的阐述。

会计准则第 14 号第五条指出：当企业与客户之间的合同同时满足下列条件时，企业应当在客户取得相关商品控制权时确认收入：

（一）合同各方已批准该合同并承诺将履行各自义务；

（二）该合同明确了合同各方与所转让商品或提供劳务（以下简称"转让商品"）相关的权利和义务；

（三）该合同有明确的与所转让商品相关的支付条款；

（四）该合同具有商业实质，即履行该合同将改变企业未来现金流量的风险、时间分布或金额；

（五）企业因向客户转让商品而有权取得的对价很可能收回。

在本节中则将这五个基本原则归结为 CDEF，以方便记忆。这仅仅是为了方便大家记忆的一种方式，如果大家认为不便，依然按照会计准则去理解。

那么什么是 CDEF？C 是指 Collection is probable，收款是确定的；

D 代表 Delivery has occurred，产品或服务已经交付或完成。举例来说，对于生产型企业，货物已发出，对方验收入库，货物的所有权已经转移给对方，此时就发生了销售收入，同时确认应收对方的货款；E 代表 Persuasive Evidence of an arrangement exists，存在有效证据链，如合同、发货单、验收单和发票；F 代表 Vendor's Fee is fixed and determinable，产品的成本及费用是固定和可以计量的。CDEF 中的核心要点是产品或者服务已经交付完成，风险已经转移。

可能在财务实操中，我们会发现去税务局报税的时候一般是以发票来确认收入的。有人会问，为什么税务局是按照发票来确认收入呢？其实，税务局也不是完全按照发票来核定企业的收入，在报税中有一项叫"未开票收入"。发票是比较简单的、有效率的确认收入方式，金税三期就是以票控税。实操过程中，若不以发票而以发货来确认收入并报给税务局的话，就会出现什么情况？非常常见的一种情况是当月已发货未开票，另外还有当月已开票已发货，还有当月开票但是开具的是上个月发货但没开票等各种各样的情况，并且以此类推接下来的每个月都会滚动出新的情况。为了避免这些复杂情况的出现，税务机关统一按发票进行收入确认，是比较有效率的。随着金税四期的应用，这个问题会被渐渐解决。因为金税四期是以"数据控税"，这个问题我们会在后面的章节中提到。

与生产型企业的销售收入确认准则不同，服务型企业的销售收入确认则通常是按照服务的交付情况，分阶段确认收入的，这种收入确认方式用专业术语表述就叫作：收入完工百分比法。

对这一概念我们如何理解呢？这里可以举一个比较典型的例子来说明：一个总裁班的学员，先交了全年的学习费用 19 800 元，那么教育公司是确认收入 19 800 元吗？或者是健身房，美容院交一年的年费，这笔钱也是一次性的计入收入吗？答案都是否定的，因为如果将这部分数字直接计入收入，那么其实是将销售收入进行了提前确认，企业也提前缴纳了增值税。

既然上述收入确认方式是不对的，那么像这种企业的销售收入又该如何确认呢？就拿职业培训教育机构来说吧，计算销售收入时是按照上课打卡作为收入确认的最重要指标，那么怎么确认出勤率呢？答案其实很简单，现在一般会采用软件来进行上课打卡记录，并将软件信息连接到财务记账系统。当然打卡记录中要有详细的顾客信息，确保信息是准确有效的。这就是一种分阶段来确认收入的方式，也是最典型的收入完工百分比收入确认方式，健身房和美容院基本也应该采用上述方法来确认销售收入。

目前新会计准则中进一步明确了服务型企业销售收入的确认方式，应按照履约进度确认。

其次，我们看一下毛利率。毛利率只有21%，偏低。我们就要核查产品定价是否合理，采购成本是否过高，或者生产成本、物流成本是否有压缩的空间。

最后，我们发现净利率只有区区0.6%，那么是什么吃掉了我们的大量利润呢？是管理费用。如果财务报表分析截止到这里，显然是不充分的。我们这时候该怎么办？

向财务人员要管理费用的明细表。这个明细表可以是分部门的，也可以是分费用科目类别的。

表4-3就是一张分费用科目类型的管理费用明细表。

表 4-3　管理费用明细表

单位:元

	一月	二月	三月	四月	五月	六月	七月	八月	九月	十月	十一月	十二月	合计
员工工资	351 172	316 544.19	355 178	356 899	359 364	344 008	391 698	371 480	373 834	394 059	364 111	905 587	4 883 934.60
培训费	—	—	—	—	—	—	—	—	—	—	—	—	—
房租	32 278	32 278	32 278	32 278	32 278	32 278	32 278	32 278	32 278	32 278	32 278	32 278	387 335.52
物业费	2 670	2 670	2 670	2 670	2 670	2 670	2 670	2 670	2 670	2 670	2 670	2 670	32 034.24
电费	2 227	1 809.13	2 023.83	1 927	2 052	2 120	2 604	2 747	2 033	1 973	1 642	1 909	25 065.66
维修费	—	50.00	—	24	18	188	2 268	8	772	—	8	44	3 377.50
通信费	15 240	1 627.52	—	1 122	8 621	2 347	7 683	4 336	3 592	18 627	7 912	45 348	122 875.78
汽车运行费	24 333	9 610.00	6 422.14	6 740	17 578	8 491	11 528	15 026	10 356	11 144	10 527	17 143	162 658.22
差旅费	37 645	19 017.54	20 025.11	5 041	94 805	45 821	21 446	24 696	30 364	23 386	19 507	32 077	373 831.36
招待费	4 554	3 558.00	6 893.58	1 701	4 244	5 103	4 838	15 472	10 850	1 693	10 723	20 973	90 601.35
会务费	—	—	—	—	—	—	—	—	—	—	—	18 612	18 612.00
信息费	—	—	—	—	—	—	—	—	—	—	—	—	—
邮资费	741	20.00	1 819.53	3 378	1 395	22	979	1 398	1 350	1 628	920	655	14 305.10
办公费用	3 450	2 737.07	2.00	1 393	3 414	4 517	2 996	2 394	2 206	2 350	1 927	2 062	29 447.36
银行费用	313	702.68	36.50	406	248	47	76	36	226	26	26	26	2 168.68
汇兑损失	—	—	—	7 569	87	—	11	—	—	83	5 249	—	12 999.26
其他及福利	3 218	320.00	910.00	818	5 682	2 990	1 653	—	758	992	1 156	1 156	18 497.05
企业所得税	—	—	—	—	—	—	—	—	—	—	—	—	—
审计及律师费	—	—	20 000.00	—	—	3 000	—	—	4 698	—	1 415	2 980	32 093.20

合计 6 209 836.88

在分析这张明细表时我们依然要考虑重要性原则。费用中最大的一项就是工资费用。到了这里，公司决策者还可以进一步向人力资源部门或者是财务部门要到各个员工的工资明细，看到更细致的工资表。

然后，我们先需要明白与员工签订的用工合同有几类，以及各类合同的区别。用工合同大致分为劳动合同、劳务合同、非全日制用工合同三类，其中劳动合同要交社保，而劳务合同和非全日制用工合同则不用；同时，各类合同中还有许多细分类别，如劳动合同中就有很多用工合同的种类，在这些细分类别中甄选也是关键细节之一。明白各类合同的差异与特点，才能在做工资税务筹划时有的放矢，在合理合法的前提下做到既不让员工少拿钱，也不让企业多交税。

基于此，在和员工签合同的时候，税务筹划就应该开始了。身为财务人员一定要明白，员工的工资构成包括薪酬体系、个人所得税和社保，其工资组成并不是单一的，因此在做筹划的时候切忌"一刀切"。此外，在做税务筹划的时候也要分人群、分层级、分步骤地进行。比如，对于那些高净值、高工资的员工，你需要思考如何做个人所得税的筹划；对于那些工资中等的员工，你又该如何做筹划。对于收入不同的员工，其税务筹划肯定也是不同的。记住，并不是所有的员工都需要筹划，你需要重点关照那些中等收入以上的员工就行了。

先介绍一个错误的税务筹划方式，因为有不少企业在用，所以有必要揭示一下。有些企业让高净值人群或自己的员工开设自己个人的独资企业或成为个体工商户，然后再来和公司签订顾问服务合同，为公司提供咨询服务。即不是以员工工资的形式发放报酬，而是以企业合作的形式进行缴税。这种方式中的个人独资企业或个体工商户如果是在税务洼地的话，整体而言综合税率还是比较低的。这种方式听起来不错，但实施过程中会遇到很多问题：①员工可能不愿意开公司，因为个人独资企业或个体工商户需要承担无限责任，这个缺点会让很多员工望而却步；②这种做法可能会导致员工对企业的认同感、归属感不强等问题，影响员工后续的工作；③税务洼地核定征收的制度是不稳定的，随时可能会被取消，个人独资企业或者是个体工商户就会被取消；④高管未来离职后，找新工作的时候，无法讲明白自己之前的工作履历。⑤ 这一点是最重要的。将个人收入转换为企业收入，我们在第 3 章中提到过，个人独资企业和个体工商户享受的是企业优惠。如果将本应属于个人的收入放入企业，这本身就是违法违规的。因此，我个人是不认可这种方式的。

此外，还有企业会选择运用灵活用工平台或劳动派遣公司进行节税，但是不论采用哪种方式的税务筹划，都要符合实际的业务，不能违反国家的政策法规。比如你的员工不是灵活用工，那就不能采用这样的方式。更值得引起高度重视的一点是，现在市场上有一些节税平台与中介都是没有资质的，且违法违规地进行操作。因此，一定要注意实地考察平台或中介是否合法，是否具备国家认可的资质。同时还要考虑，这个平台运营了多久，已有多少客户，它的结算方式是不是 T +0 等。

有些企业还会通过给员工报销交通费、通信费来增强员工对企业的认同感。这样的企业行为一定要注意，这类报销需要实报实销的才可以，与交通费补贴、通信费补贴区分开。也就是说，这样的报销行为不可以是定额报销，比如说，如果公司每个月给个人报销 1 000元的交通费，会被视同为薪酬的一部分，要缴纳个人所得税。

很多人觉得想要从员工工资入手，达到好的节税效果很难，甚至会觉得相关知识和信息都太多了，这似乎是一件"不可能完成"的事情。可是，这个世界上真正不能完成目标的都是那些一开始就认为"不可能"的人。NBA球员麦迪在35秒内拿下13分的实例告诉我们一切皆有可能，而假如结果非你所愿，只能说明时机不对，或者你还没有找到正确的方式、没有真正下足功夫去把这方面的知识钻研明白。

总而言之，准备好即便屡战屡败也不减分毫的信心和热情，做好税法知识的模块化学习，才能跨越理论到实践的鸿沟，在财务管理之路上更进一步。

以上就是财务报表的分析思路，就是先从报表整体入手，坚持抓大放小的重要性原则。然后抽丝剥茧一步一步地看到最细节的财务数据，而不是一上来就死抠细节，那样的话很容易失去方向。

接下来我们再讲解第二种重要的表格——资产负债表。在看资产负债表是否准确时的一个最简便的方法是，首先看资产总计与负债及所有者权益合计这两个数字是否完全一致，否则报表就错了。

除了这两个指标数据，在分析资产负债表时还需要看哪些指标数据？记住一点：重点关注大额数据。

比如表4-4这张报表一拿到手里，先关注报表数据的完整性：①资产总计应该等于负债及所有者权益合计；②期末未分配利润中应该包含本年利润；③如果指标的数值是零，应该填上零，尽量不要留空。

表 4 - 4　资产负债表

资　产	2016 年	2017 年	负　债	2016 年	2017 年
流动资产：			流动负债：		
现　金	14 908.23	38 096.41	短期借款	0.00	0.00
银行存款	291 309.20	604 188.56	应付账款	1 176 980.07	1 715 720.26
应收账款	695 403.29	1 054 345.28	应交税金	170 942.67	145 076.10
减：坏账准备	0.00	0.00	其他应交款	4 706.15	4 041.40
预付货款	66 450.00	0.00	预收货款	0.00	0.00
其他应收款	655 897.01	700 841.61	其他应付款	625 185.52	695 643.92
存　货	481 576.78	661 374.98	其他流动负债		
减：存货变现损失准备			流动负债合计	1 977 814.41	2 560 481.68
流 动 资 产 合 计	2 205 544.51	3 058 846.84	长期负债：		
固定资产：			长期借款	0.00	0.00
固定资产原值	1 072 459.69	732 367.69	长期负债合计	0.00	0.00
减：累计折旧	665 610.80	474 792.26	负债合计	1 977 814.41	2 560 481.68
固定资产净值	406 848.89	257 575.43	所有者权益：		
其他资产：			实收资本	1 241 580.00	1 241 580.00
长期待摊费用	4 800.00	78 086.02	未分配利润	-602 201.01	-407 553.39
其他资产合计	4 800.00	78 086.02	所有者权益合计	639 378.99	834 026.61
资产总计	2 617 193.40	3 394 508.29	负债及所有者权益合计	2 617 193.40	3 394 508.29

然后再关注报表中余额较大的财务科目：应付账款、应收账款、其他应收款以及存货。固定资产原值虽然较大，但因为净值小，因此重要性级别下调，以后再进行分析也不迟。

不过，此时企业管理者可不能仅仅止步于这张表格，而应该继续往下追踪这些大额款项的相关明细情况。比如应收账款，可以要求财务人员提供欠款客户的名单，进一步作应收账款账龄分析表，如表 4-5 所示。

表 4-5　应收账款账龄分析表

客户名称	合同号	合同金额	A 应收账款	B 预收账款	C=A-B 应收账款净值	1~30天	31~90天	91~180天	181~360天	1年以上
A公司	BJE0001	10 000	4 000	2 000	2 000		2 000			
B公司	BJE01023	20 000	6 000	—	6 000	6 000				
C公司	BJE00111	15 000	10 000	3 000	7 000	7 000				
D公司	BJE0014	50 000	40 000	10 000	30 000				30 000	

根据重要性原则，可以将应收账款金额较大的客户放入这张账龄分析表（有的企业会将占欠款 80% 的所有客户放入应收账款账龄分析表。客户不多的话，也可以全部放入进行分析）。当然，重要性原则也不单单是指数值，也应该包括关键的一些信息，例如发票号、到期日等，显示制表日期也是很重要的一项。

根据表格，我们先要将合同总金额放入表格，将本次发生的应收账款净值放入相应的账龄里面。

然后，根据账龄的时间长短来进行催讨。还拿这个表格举例子，如果公司对外销售，统一都是给到客户 90 天账期。那么 A、B、C 公司就不用管，而是要分析 D 公司为何这么久没有返款。

对 D 公司的分析：

1）核查 D 公司欠款的原因。

2）核查在 180 天之前，销售部门和财务部门都采取过什么样的催收策略。

3）核查销售人员之前是否密集上门拜访、催收。

对 D 公司分析后的应对方案：

1）考虑是否可以采用回款给折扣的方式，同时调低这个客户未来的客户信用等级。

2）是否需要发正式的函证给客户进行催收。

3）此欠款拖到何时，有必要启动诉讼程序。

4）应该进一步完善应收账款管控的制度。

这时我们发现，事后的分析和解决方案对公司而言都比较被动。因此，财务人员应该将更多的风险控制放在事前和事中。

事前控制：

在内部控制上，我们首先建立标准合同条款，以及确定如果出现特殊条款该由谁负责审核审批。

然后采取以下行动：

1）客户信用调查。

2）付款期限制定。

3）预付款设置。

4）按照合同进度提前催款。

事中控制：

1）应收账款催收制度。

2）销售业绩与销售人员的工资奖金挂钩。

3）培训销售人员的回款意识、催款技巧。

你看，一个小小的应收账款，通过财务分析，就可以有这么多门道。这还仅仅是最基础的思路，更具有挑战性的思路还要根据各个企业的实际情况来确定。

所以一般来说，企业管理人员，哪怕是审计高手都很难仅仅从企业的利润表和资产负债表中发现企业经营中最实实在在的问题。在进行财务审计时，审计师先会调查企业的内部控制是否健全，然后要求财务被审计单位的会计人员提供各项报表，以及报表背后的明细报表及附注。

在对资产负债表进行分析时，还有几项需要重点关注的指标，其中资产负债率就是很重要的一个指标，这个指标我们之前已经提到过。

除了资产负债率，还有企业的流动比。流动比是流动资产对流动负债的比率，用来衡量企业流动资产在短期债务到期以前，可以变为现金用于偿还负债的能力。一般说来，这个比率越高，说明企业资产的变现能力越强，短期偿债能力亦越强；反之则弱。一般认为生产型企业流动比率应在 2:1 以上。

此外，未分配利润也是一个重要指标。未分配利润是指企业从成立到现在的累计亏损或者累计盈利。用未分配利润的期末数字去减期初数字，就是企业当年的利润，比如表中这两个数据相减得出的 194 648 元就正好是该企业今年的利润。未分配利润是负数，代表的是企业从成立到现在是累计亏损。未分配利润是正数，则表示企业盈利了，且全体股东并未进行分红。

接下来，我们再讲另外一类表格——管理报表，我们也可以把它叫作企业的价值报表。这是一种满足企业管理者需求的表格。在企业的日常经营中，财务人员会根据每日不同的项目类别制作以日、周、月为单位的管理报表，不同类型企业的日报表、周报表和月报表类别会呈现很大的差异。比如生产型企业，其日报表通常应至少包括资金日报表、销售日报表、生产日报表、出库订单表。当然也可以要求财务部门提供现金预算与实际支出的差异表。除了以上的这些标准版的管理报表模块，不同的行业还会存在一些特殊指标。比如电商行业中的一些特殊指标，它们一般包括以下几种。

UV，其全称是 Unique View，通过互联网访问、浏览这个网页的自然人，访问网站的一台电脑客户端被视为一个访客，在同一天内相同的客户端浏览页面只被计算一次。

PV，全称是 Page View，页面浏览量或点击量，其数值是累计的，即用户每次对网站中的一个页面的请求或访问均被记录 1 个 PV，用户对同一页面的多次访问可以被记录为对应的多个 PV 值。例如，同一用户访问了 4 个页面，PV 就 +4。

获客成本，也叫流量成本，即我们得到 100 个客人，要花多少流量费用。同时，这些客人的复购率、转化率（转化率又称流量转换率，是指有多少流量可以转化为销售）又是什么样的。对于零售行业来讲，流量就是价值，得流量者得天下。因此，在零售行业对于企业流量的分析，就是对企业价值的分析。因此我们才管这个表叫价值分析报表。

除了上述指标外，零售行业中还有其他指标，比如：单品毛利率、件单价、存货周转率等，这些指标要在管理报表中出现。

在餐饮行业中，特殊指标主要包括翻台率、各个菜品的毛利率、客户回头率、客户投诉率等以及需要重点关注的采购成本。如果餐饮行业涉及线上销售，则还要对线上销售做单独的财务分析。

酒店行业中的特殊指标则包括入住率。按部门划分进行业绩核算，分别分析各个业务单元的收入、毛利率、净利润以及投诉率，管理报表中还需要重点关注采购成本。

至于贸易企业，其特殊指标则有毛利率、应收账款账龄分析，其中后者是重点关注对象。此外，外贸企业还要关注汇率的变化，因为汇率的波动会很大程度地影响外贸企业的净利润。

在职业教育培训企业的管理报表中，特殊指标又包括：老学员的复购率、老师的课程反馈，课程项目收益率等。若涉及线上销售，还要对线上销售做单独的财务分析。比较特殊的是，在这类企业中老师是核心"产品"，老师有没有核心竞争力很重要。老师的价值高，其他的数据就都会好看。所以对于教育机构而言，未来如何深度挖掘老师的价值以及如何能够把老师和平台紧紧地捆绑在一起是需要深入研究的课题。

对于服务型企业，其管理报表中还有一个重要报表就是工作时间成本分析表（Time Sheet）。这张表理解起来就是技术人员每天干什么，每小时都做了什么工作，每周都干了哪些工作，它通常是由技术人员自己填写上报，再由部门负责人和企业负责人审核。

当然，如果企业规模不大，也不一定要看日报表，可以看周报表，或者月报表都可以。清楚财务报表的人一般都知道财务报表也是分层级的（如表 4 - 6 所示），有一级报表，比如前面提及的利润表和资产负债表，然后制作出二级明细报表或者三级明细报表。在企业完整的报表体系中，最好还有各个部门的利润表，这类表格的制作及其准确度则完全取决于会计人员的核算能力。除此之外，还有项目的利润预测表，比如说你开一个培训班，以这个班级为项目，你到底能挣多少钱？现金支出和收入分别是多少，这个项目大概有多少利润，你心里要有数。同类的还有建筑行业、房地产行业，影视公司大多也是按照项目进行分析。

表 4 – 6　报表结构汇总

报表结构	一级报表 行业报表	二级报表 职能部门					
		采购部	生产部	仓库	行政部	人力资源	财务部门
制造业							
通用类报表	销售报表（日报/周报/月报）应收账款/其他应收款账龄分析表 利润分析表（同比/环比/预算比），可分部门 费用分析表，可分部门（部门利润表） 经费预算表 资金预测及实际支出分析表	采购计划	生产报表（日报/周报/月报）单品成本构成分析表 生产计划表	仓库台账 存货账龄分析表	固定资产台账 考勤表	薪酬统计表	各部门差旅费统计表 各部门交际应酬费统计表 各部门交通及电话费统计表 市场推广费统计表
服务业							
通用类报表	增加：项目利润预测及实际对比表 员工工作时间成本分析表（Time Sheet）			仓库台账	固定资产台账 考勤表	薪酬统计表	各部门差旅费统计表 各部门交际应酬费统计表 各部门交通及电话费统计表 市场推广费统计表

最后再总结一点，管理报表是一个体系，这个体系一般根据企业自身的痛点进行搭建，而且还要做到及时。因为手工记账很难达到企业的及时性要求，所以应该搭建企业自身的财务数据系统。

第 5 章

内部控制第二步——
绘制业务流程图

16 到底什么才是内部控制

正如鹰冠庄园的那个案例一样，当我们通过报表分析，发现了企业的痛点，就要通过修订企业的流程、制度来改变企业的业务形态，这是非常重要的。从本章开始我们来讲内部控制搭建。

内部控制体系的搭建，又好像是下围棋。在相同的"子力"下，让你的资金和资源保有的比别人多一点，只要比别人多活一个"眼"，活得更长久，就不会死，也许就能翻身。

谈到内控，COSO 是无法绕开的一个课题。COSO 的全称是 The Committee of Sponsoring Organizations of the National Commission of Fraudulent Reporting，是美国的会计学会、美国注册会计师协会、财务总监协会、内部审计师协会和管理会计师协会这五个职业团体在 1985 年联合发起的一个民间组织，当时成立这个组织的主要动机是为了资助"财务报告舞弊研究全国委员会"。

COSO 对于内部控制也提出了五个要素：第一是控制环境。控制环境就是一个企业里面大家对待制度的态度，这方面主要是领导的态度和执行者的能力，领导者重视了再加上执行者能力强，那么内控就执行得好，否则内控制度就是一句空谈。领导的重视就体现在参与程度和对违规者的处理。而执行者的能力更多地体现在选人用人制度上。当然还必须要有一个很好的组织结构才能做好事情。

第二是风险评估过程。这个就是企业是如何评估自己面临的外部和内部风险的，有没有注意到企业在经营过程中遇到的变化和新情况，企业有没有制度上的保障能够很快地识别和应对这样或者那样的经营风险。

第三是信息系统与沟通。企业有没有一套制度来规定自己内部的信息、数据如何收集、处理最后形成可以供决策之用的制度保证呢？如何保障将正确的数据识别出来、记录下来并能进行相应的处理，变成最终的财务报表呢？

第四是控制活动。为了保障数据的安全、可靠，有没有建立起授权审批、业绩评价、实物控制管理这样的制度，这样的制度保证了企业的信息安全、财产安全，并通过授权审批机制保证错误不发生，并降低舞弊和不正当行为的发生。

第五是反馈系统。只有形成闭环系统，才能让整个系统有效地运行起来，并且发挥长效机制。这样管理层通过持续的监督活动、单独的评价活动或者两者结合起来实现对内控的监督，从而让内部控制更好地服务于企业。

一言以蔽之，企业内控其实就是一套管理企业的流程、程序和规章制度。这些制度要在这五个方面有所体现。

在这里我要问大家一个有趣味的问题，企业中有哪些部门没有贪污舞弊的机会呢？

有人说是人力资源部。其实不然，招聘和培训是人力资源部的两个职责，有职责代表着有权力，当人力资源部的个别员工不遵守职业道德，滥用手中权力，那么他就有机会从猎头或培训机构的手里拿到回扣。

还有些人说财务部不会有贪污。财务部规矩繁多，制度严明，哪有贪污的机会？对此，我只能说你是一名合格的财务人员，你的公司也是一家内控严密的公司。

其实对于某些内部控制做得不好的公司来说，财务部门拿回扣的机会也是有的。比如有的财务人员负责资金的调配工作，他就有决定资金支付顺序的权力。不要小看这个权力，资金先付给谁，后付给谁，往往有不同的结果。

假使你的企业资金断裂，在这种情况下，各供应商都希望能先得到企业的支付资金，为了达到这一目的，供应商会找到财务负责人以各种方式得到资金的优先支付权，而这"各种方式"里面就不乏贿赂。

假如你的企业很有钱，规模庞大，长期内没有破产的风险，财务部门也会有机会从中得到回扣。比如，企业的资金究竟存入哪个银行，对企业来说，这个问题的选择多少可以随意些，但对于银行就不同了。企业存入资金，对于银行的业绩来说自然是有所提升。有些缺乏法制观念的银行高管就可能会找到财务负责人，让财务负责人将企业存款存入自己所在的银行，来提高业绩。

某些小型的会计师事务所也会存在一些给回扣的现象。你可能会惊讶，会计师事务所是查账的地方，怎么会有人从中得到回扣呢？有一些小型的会计师事务所，会给客户回扣和提点，公司里面一旦出现意志薄弱的财务人员，可能会舍弃道德底线，牺牲长远的利益来换取回扣。

我年轻的时候曾在草原和几位企业家共同经营过一家度假村。度假村每天接待不同的旅游团，其中有两个20多岁的女孩引起了我的好奇心。她们是某品牌的供应商带过来的，这两个女孩子3天2晚的吃喝住行和娱乐活动，还包括两个女孩的额外消费，通通都由供应商来负责，不止如此，供应商最后还送红包，给礼物。我很疑惑，这两个小姑娘到底是什么来历，会让供应商这样对待？晚上我找供应商一起吃饭，才知道这两个小姑娘其实是公司的前台，可一家大公司的前台会这么厉害吗？

后来我具体打听了一下，才知道情况是这样的，她们两个是负责购买公司打印机和传真机的硒鼓和墨盒的，这些耗材有着很高的毛利。公司把这两种物料的采购权给了这两个前台，所以在供应商那里，她们就是非常值得拉拢的对象。

掌控这么一点小权力，就能得到这样的待遇，可见其中利害。有些企业的倒闭不是出在了销售的问题上，而往往是来源于内部的腐败问题。"腐败往往是围绕权力产生的，绝对的权力会产生绝对的腐败"，所以其他部门就更不必说了，每个部门都有机会贪污舞弊。当然我还是愿意相信大部分员工还是遵守职业道德的。

做好内部控制最重要的是建立公司文化，内部控制机制没有可能以无限的成本做到滴水不漏，但可以通过培训让每个人都了解他的责任、风险与回报，让每个人都发自内心地自我控制。

其次，内部控制还有两个主要的抓手，就是流程与制度，其中流程的作用要比制度更重要。因为我们知道，如果只是颁布了制度，但却没有执行的流程，那么这个制度极有可能变为废纸一张。一个生产型企业的流程，我们主要是分为采购、生产、销售三大业务流程，其余为辅助业务流程，比如报销流程、借款流程、盘点流程、信息传递流程、开具票据流程等。任何一个流程都有可能滋生腐败，内部控制要做的，就是针对这些流程，做到"事先"阻断滥用权力的恶念，避免"恶意"的产生，才会让企业长久地发展。

17 互联网巨头的方案错在哪里

由于网络的高速发展，互联网逐渐成了人们遇到问题时的首要搜索工具，其涵盖的知识面和业务范围极广，而其中的方案设计更是经常标榜着"最佳"二字。不过，前段时间我在某门户网站上找到一张采购的业务流程图，标注是最佳方案，但是经过我的分析发现，它并不是一张合格的流程图。如图 5 – 1 所示。

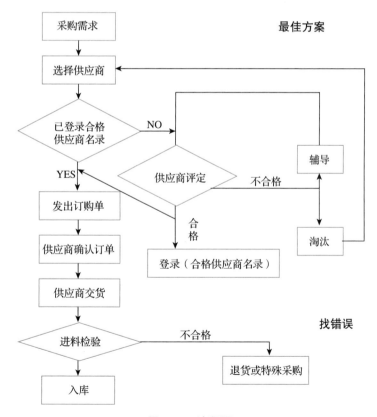

图 5 –1　流程图

首先，我们来理清这张采购流程图的逻辑，当新的采购需求产生后，我们需要去系统里查询供应商目录，如果供应商在目录里，就直接选择；如果不在，还要进行供应商评定，评定结果合格才能进入供应商目录。评定不合格就要辅导，辅导合格进入供应商目录，不合格就被淘汰。选择完供应商之后，发出订单，然后确认订单，交货，最后检验的时候，会出现货品合格和不合格两种情况，合格入库，不合格就涉及后续的退货和特殊采购环节。

基于这个逻辑，可以找出其中五个错误：第一，流程图没有分部门。采购流程往往是跨越几个部门。每个部门的职责是什么，流程图中并没有显示出来。第二，没有审核人和审批人。一个流程下来，谁负责审核，谁负责审批都没有明确说明。第三，没有询、比、议价的过程。对于价格没有比对，查询出来的结果就不足以令人信服。第四，没有对应需要的表格和单据，只有物流而没有票据流会出现后续票据的杂乱。第五，没有核对库房存货的流程。在采购流程中是需要先库房确认是否有必要进行采购，存货是否已经低于安全线。库房确认的步骤是需要的。

一个比较全面的业务流程图如图 5-2 所示。

图 5-3 采购流程图中该有的元素基本上都有了，但这只是一个标准版本。每个企业应该做自己的流程图。就好像世界上没有完全相同的两片叶子一样。每个企业都有其特殊性，业务流程图应该也是不同的。

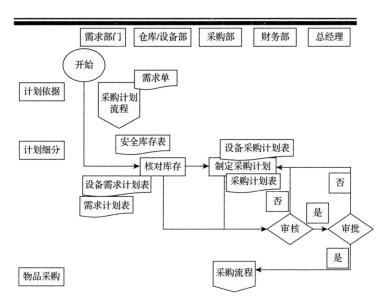

图 5 - 2　采购计划流程图

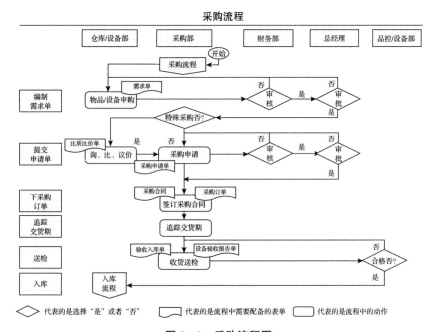

图 5 - 3　采购流程图

业务流程图中具体应该包括的内容有：每个部门该干什么，他们都负责哪些内容，哪个环节需要什么样的单据等，把这些清晰明了地列出来，企业的流程才会清晰。每个员工都应该知道他在哪个环节该做什么。在日常工作中，如果我们发现某个环节有不足，就需要去针对性地进行改造。

当然，如果你觉得业务流程图太过复杂，也可以不画图，而是去采购部跟着他们一起工作一段时间，把他们的流程观察一遍，用文字将每一个环节写出来，最后再来制定自己的方案。不过不管怎么干，你的头脑里面总要有一个完整的流程体系。很多中小企业的老板经常充当救火队员，就是因为有的员工没有完整清楚地把握公司运作的流程。

同时我们应该知道业务流程也是分层级的，通常我们将业务流程分为四个层级。前面我们所看到的采购业务流程图属于四级流程中的二级流程。各级别的具体内容如下。

一级业务流程：确定公司盈利的驱动力。你如果不懂一级业务流程，那就看公司里有多少个部门，并找到核心部门。核心部门就是企业驱动力的源泉。有些老板在刚开始创业的时候没有系统化自己的创业想法，所以对自己需要搭建多少个部门并没有明确的规划，很多时候就好像摸着石头过河，觉得缺一个部门，就成立一个，或者别的公司都有这些部门，自己也随大流成立一个。但事实上这样做是不对的，要不要成立某个部门是以公司的驱动力作为基础的，具体有几种驱动力类型，比如以客户为导向的公司就会设置大客户部，以技术为导向的就会有产品部和研发部，以供应链为导向的企业老板就会重点抓采购部的工作，部门搭建其实就是公司的一级流

程。这也是会计师事务所或者咨询公司去现场之前，都会向客户要公司组织结构图的原因。·

二级业务流程：部门与部门之间的业务传递流程。公司是一个庞大的体系，每天的运转都是同时依靠很多个部门的相互配合来完成的，所以部门之间的数据流以及业务是否有明确的传递流程，传递的速度和质量能否得到保障是非常重要的。有的企业的老板变成了救火队员，有可能就是在二级业务流程中出现了问题。比如老板在这个部门发现了问题，就只把这个部门负责工作的员工训斥一顿，看似问题解决了，但很快与这项工作相关的另一个部门又出现问题了，这边按下了葫芦那边又起了瓢，没有解决根本的问题。我们前面讲的采购业务流程图，可以算是一个二级业务流程图。

三级业务流程：确定每个部门内部各员工之间的业务流程。公司的每个大项目都需要由很多个部门的很多个员工共同完成，所以工作任务如何在部门内员工传递、交付很关键，每个人的岗位职责如何串联起来形成一条工作回路很重要。

四级业务流程：确定每个人每天都要完成什么工作，什么时间完成，什么时间交付。这项流程看似简单，实则很复杂。每个员工都是独立的个体，有自己的工作风格和性格，管理起来需要考虑的因素有很多。以前我们老的管理模式是由主管给员工制定"岗位职责描述"，但这个岗位职责描述是比较宽泛的，如果没有做好监督，很容易变成一纸空文。

近些年兴起的互联网公司和线上视频平台发展迅猛，每天都在进行工作任务的迭代和升级，快节奏的工作催生了这些企业对于四级业务流程的管理新模式，即微管理。但不管是哪种类型的企业，采用哪种管理模式，都需要在充分了解自身情况之后进行合理规划。完全依靠搜索引擎找出来的标准方案是不对的，因为其在存在错误的同时还不一定适合企业自身的发展规划和风格。

18　你听说过微管理吗

微管理能让中层管理者对于每个下属每一天的工作精确到每一道工序上进行监督，你觉得这个可能做到吗？

合抱之木，生于毫末。将一项烦琐的工作，分成多道工序之后，管理者便可以通过对工作的具体指示来操控和审查被管理者，让管理变得更加具体化、细节化。

微管理方面有一个案例，比如经典的停车场图分为三个板块，分别是 To Do（今天要做的事情），Doing（正在做的事情）和 Done（已经做完的事情）。图 5 - 4 中还会明确具体的交付时间、交付对象。停车场图会贴在员工的办公位上面，主管或者经理走过工位就会看到每个员工正在做什么工作，已经完成哪些工作，准备完成哪些工作，随时可以进行调整。每天上午部门开会 10 分钟，确定每个人的工作任务。下午 5 点的时候，再进行一个 10 分钟的交付仪式，将自己的工作交付给下一个人，然后再从上家那里领取自己的下一个任务。这种流程被称为"把自己背后的猴子扔给别人"。

图 5 – 4 微管理迭代循环管理示意图

重新领取任务这个环节，称为工作上的"交付迭代"。"交付迭代"的过程是每个人每天都要完成的任务，通过这种形式，管理者就能达到对员工的微管理。细节是管理的必需品，细节做到位，管理才能如鱼得水。

很多跨国公司比如 IBM 也都会注重工作交付的细节，在公司中每个工作人员都有一个具体的流程表，上面清晰地描述了我要做什么，下一个程序应该交付给谁，被交付的人该做什么……所有工序都被划分得清清楚楚，在交接的过程中还要双方共同签字，可以说跨国公司在注重细节方面做得丝毫不差。

管理是件非常有意思的事情，它既像一道数学题具有逻辑性，又仿佛是一件艺术品，需要具备创新精神和感染力。接下来我们引申出一个看似与管理无关，但实际上非常有探讨意义的话题。

比如，当你遇到一个特别大的困难，去找高手寻求帮助的时候，他们不会告诉你这件事要怎么解决，而是以提问题的方式引导你，让你的所想与他们的所想达成一致，并最终让你自己说出答案来。

同样的，在管理公司的时候，我尽量不去批评员工。如果员工遇到了问题向我寻求帮助，我会先提问，引导他自己得到答案。因为一个解决方案由我说出来，和员工自己说出来，两者落地执行的效果是有天壤之别的。这是管理的艺术。

引导与灌输的区别在于，是主动还是被动。现在很多家长在督促自己的孩子好好学习时，总是日复一日地唠叨，一个劲地告诉孩子要好好学习。时间一长，你会发现这样的督促好像并没有什么作用，孩子从心底不愿意学习，他的学习成绩就不会有什么起色。但是如果有一天，你的孩子和你说，我想好好学习了，从这一天起你会发现孩子变得和以前不一样了，他开始主动学习，而不是因为你的念叨而被迫学习。由此带来的学习效果，自然有着天壤之别。

从这里我们可以发现，主观意识是会影响完成任务的积极性的。发自内心地想完成任务，是真正把任务完成好的前提条件。

当然，好的管理者也不能只一味地提问，还需要注重一些细节，比如提问的技巧。技巧和落地工具极大程度上决定了提问者的水平高低。

选择性提问是提问的技巧之一。比如说，当有人问你，"你爱吃水果吗？"你的思维就会发散到各种水果，所有的水果都是你的选项。可如果换一种问法，问你喜欢吃葡萄、西瓜还是苹果？那你就会在这三种水果中徘徊，只能三选一。

这里有一个经典的引导式提问，是发生在我自己身上的。我在普华永道工作到第三年的时候，觉得自己已经掌握了工作上的各项技能，继续工作下去已经不能让我成长，于是我决定辞职。当我走进经理办公室递交辞呈时，当时的经理很平静，没有任何挽留与指责。她让我坐下，随后有条不紊地问了我三个问题。

首先，她问我："你为什么要离职？"

我的答案很简单："审计策略我都懂了，未来我的人生规划是去企业任职，帮企业解决问题乃至上市。我的职业规划并不是做一辈子的审计，一直做到审计合伙人。"

她听完没有说什么，开始问我第二个问题："企业为什么需要你，你是一个审计师，你懂企业的财务管理吗？"

我突然意识到自己没有考虑过这个问题，这是一种逆向思维，站在对方的角度考虑问题，这种思路很棒。我当时确实在企业财务管理方面的知识有欠缺，对这个问题我只能沉默。

最后一个问题是："你知道如何在不违反企业会计准则和税法的前提下，有效地调节企业报表数据吗？你知道目前市场上最缺什么样的财务负责人吗？"

我这次是真的无语了。经理最后的这两个问题也让我意识到，我之前仅仅是精通了当前岗位上的工作，而对于我想要步入的工作岗位并没有做好准备。考虑问题只站在了自己的角度，没有去站在对方的角度上考虑问题。我起身和经理说："我还是继续留在普华永道锻炼吧。"后来，我又在普华永道会计师事务所工作了两年，在这两年期间，我发现当时的中国正值改革开放，有大量的外资进入。中国本地的很多民营企业也有在海外上市的需求，但是当时懂国际会计准则和美国会计准则的人很少。而我利用普华永道这个平台仔细研究了国外的会计准则，最终得偿所愿地加入了 TOM 集团。

这件事情让我懂得，考虑事情要站在对方的角度上，才能知己知彼，百战不殆。换个思考角度，可能你的方向就正确了。方向很重要，方向对了，才能用好你掌握的经验、技术和工具。

当我们看待一个问题时，一定要学会从三个不同的角度分别审视，这样才能兼听则明，全面认知。这三个角度分别是站在自身、站在对方以及站在观察者的角度。首先以自我视角看待问题是最为简单的，很多人都可以做到。然后就是站在对方的角度考虑问题，可做到的人便不多了，因而这可以算作是一个思维上的突破，取得了这一突破的人便具备了一定的赚钱能力。需要注意的是，站在别人角度看问题，并不是仅仅体现在某件事上，而是时时刻刻都能做到。最后是站在观察者的角度上考虑，这需要有大局观，能够看到自己和对方所有的选择可能，最终达成合作，确定一条通往成功的路径。

19　电商公司的内部控制

内部控制对企业来说是很重要也很艰难的事情。重要的是，企业上下只有保持一心，才能在正确的道路上走得更远，艰难的是，很多员工上班以逐利为主，并不关心企业的未来，很容易为了眼前的利益损害企业的利益。

2002 年，互联网泡沫破裂，形势急转直下，刚创立不久的某电商公司前途未卜。当时有两条路摆在这家电商的老板眼前，第一是贿赂，这样做可以让公司接到订单活下去；第二是挺直腰杆，清清白白地开公司，但公司上下那么多员工，如果不能快速实现盈利就只能破产。

当时的互联网领域是贿赂的重灾区。贿赂，似乎成了行业内心照不宣的潜规则，没有贿赂就没有订单。然而，即便大环境如此，这家电商公司的老板依然决定坚守自己的底线。虽然公司处境艰难，但大家都很支持他的做法。在大家看来，公司倒闭可以再开，工作没了还能再找，但是诚信不能丢弃。为了让公司能够活下去，那一年老板提出必须盈利一元钱的口号，只要能盈利，公司就不会倒。

在四处靠贿赂抢订单的大环境下，当时这家公司的处境可想而知。然而，让所有人都意想不到的是，这家公司竟然真的突破重围，在没有贿赂的情况下开始赚钱了。公司上下都很开心，大家都认为那是自己坚守诚信的结果。可是在做年终总结的时候，老板发现一个很奇怪的现象，公司有两个员工，仅仅是他们两个人的销售业绩，就占了整个公司的60%。是他们二人能力出众，还是另有原因？

经过仔细调查之后，老板发现，原来是那两名员工给人行贿了。他们通过给客户回扣和佣金的办法，增加了自己的销售业绩。事情缘由已经查明，但应该怎么处理，大家都十分为难。毕竟公司之所以能实现盈利活下来，这两名员工功不可没。要是现在把他们开除了，公司很可能挺不了多久。可如果不这么做，先前坚守诚信的初衷也就成了一个笑话。经过讨论后，老板坚持不贿赂是公司的底线，只要触碰，绝不原谅。就这样，那两名公司的"功臣"被开除了。

后来这家公司不仅活了下来，还成了行业巨头。只是，当它成长为巨型企业之后，所担心的就不是自己的员工向他人行贿，而是合作企业向自己的员工行贿了。不光是采购人员拿回扣的问题，甚至连电商平台上的员工都被盯上了。电商业务需要平台工作人员与电商做沟通，具体业务由平台工作人员负责，因为手中掌握巨大的流量分配权，这些人员就成了各电商企业极力拉拢贿赂的对象。毕竟，流量就是曝光度，流量越大意味着店铺越有机会被别人看到，也就意味着店铺能够拿到更多订单。因此，有些企业为了得到流量，不远万里来到公司把工作人员请出来行贿。其行贿手段之多样，让人大开眼界，防不胜防。为了解决这一问题，电商平台也是铁腕镇压。

贪污腐败向来是企业的顽疾，解决此类问题，是内部控制的重中之重。通常来说，针对这类问题有以下几种解决办法。

第一，与客户签订反腐合同。反腐合同就是在拟定合同的时候，将禁止贿赂作为一项合作条款写到合同里，如果有人违反，则合同终止作废，或者未来不再合作。把反腐条款暴露在阳光下，一切都是清清楚楚的，所以我们也叫它阳光合同。

当然，很多大公司都有相关操作。我曾经参加过某个集团的供应商大会。这个集团规模很大，因为参会人数众多，集团包下了整栋楼。签合同的时候，所有供应商都需要在会议室与集团负责人当面签字，签完之后集团要求供应商进行不行贿宣誓，其中一句话我记得很清楚，就是"我承诺绝不给一分钱贿赂"。

第二，把反贿赂的禁令放在员工手册里。督促每一位员工牢记员工手册。员工手册里相关的条例明确写着：只要员工接受贿赂或者行贿，一经发现，立马开除。这是底线，没有任何可以缓和的余地。

第三，技术革新。除了规章制度上的内部控制策略，大数据的技术革命也有效断绝了平台工作人员通过流量取得贿赂行为的发生。不管是流程还是指标，如今的指挥系统都与以前不同了。之前用人工进行流量分配时，内部有巨大的操作空间，贿赂屡禁不止。但如今用大数据算法来进行流量分配，只要系统里面的程序设置是合理公平的，贪污和腐败就无处遁形。我们甚至都可以设想，未来的执法系统也能采取系统分配的手法，利用数据做执法者。

大数据系统是未来发展的主流趋势，它将深刻地影响我们生活的方方面面。人工智能不仅工作效率高，没有人性的弱点，还可以做很多人做不了的事情。尤其在企业的内部控制中，它发挥的作用也将会更加显著，这是任何一位企业家都不能忽视的趋势。

20 收银员的烧脑贪污案件

现代社会中，很多贪污行为并非一定是有一定地位或者权力的人才能完成的，像收银员、一线销售员等也很容易出现贪污行为，毕竟他们是能够直接接触到客户和金钱交易的一类员工。很多人觉得小职员没有那么大的本事，想要在老板的眼皮底下贪污谈何容易。可现实却是，贪污往往发生在最令人意想不到的地方。

我有一个朋友，2012年的时候他跟我说他想在北京开一家高端烤串店，说了几个股东的想法，我总结出来两个要点：

第一，保证食材绝对新鲜。以羊肉串为例，我们都吃过或者听说过红柳木羊肉串，朋友的烤串店里有一个特色，那就是客人吃完羊肉串以后，服务员会当着顾客的面把红柳木撅折，因为烤羊肉串的红柳木应该只使用一次。如果红柳木是新鲜的，烧烤时，它的汁液会浸到肉里，以此提升烤肉的味道，但再烤第二次就没有果木的香气了。有些餐厅用红柳木作秀，红柳木已经被反复使用过，里面的汁液早就被烤干了，也就没有红柳木的味道了。另外，他们店里的羊肉都是来自内蒙古西部的羔羊肉，经过精挑细选，肥瘦搭配得刚刚好。烤羊肉的火候和味道他们研发了三个月，股东带着烤肉串师傅吃遍了竞争对手的羊肉串。

第二，烹饪过程由顾客自主选择且全过程透明公开。我们在餐厅吃饭，基本都是点好菜后后厨直接做好再送到我们面前。在他们店里，所有的汤类，比如说常见的疙瘩汤、西红柿汤等，顾客可以在菜单上选用什么水，可以选农夫山泉或者依云矿泉水等，反正有一个原则就是不用自来水。油跟水一样，也是自己选是用金龙鱼还是进口色拉油或者橄榄油等。另外，他们的厨房是全开放的，顾客可以全程看见自己的餐是怎么制作的。

总的来说，在他们的构想里，这家烤串店要做到高端。在我看来，这个项目还是有前景的，毕竟北京并不缺少高端食客。所以市场容量是没问题的，而且 2012 年北京还没有高端烤串店，当时的北京，羊肉串和啤酒都还是街边摊的产物，他们可以说是开了第一家做高端烤串的店。此外，与我朋友合作的另外四个股东，有两位从事传统媒体行业，他们在北京电视台和中央电视台美食节目投放了广告，滚动播放广告，宣传他们这家店，另外两个股东做新媒体运营，通过网络平台进行门店的宣传。在这样的广告攻势下，他们的店开业的第一年就火了，每天来吃饭的顾客络绎不绝。

在我看来，只要维持正常的运转，这家高端烤串店可以在很长时间保持较好的业绩。但在这家店成立第三年时，我的朋友来找我，问我能不能去帮他看看这家店，因为他和另外几位股东都觉得店里的财务状况出现了问题，实际的营业额总是与他们预想的不符合，但又不知道问题具体出在什么地方，所以希望我能去帮他看看。

因为我们俩是老朋友了，我认为我应该帮帮他。一般来说，这种股东都搞不清楚原因的财务问题，根源往往出现在小地方。我在检查这家烤串店的内部控制时，就曾问他有没有确定过收银员有没有问题。他很笃定地跟我说，问题不可能出现在收银员身上，因为收银员是他们其中一个股东的亲戚，小姑娘刚毕业没几年，一说话就脸红，平时跟他们的关系也挺好，出了什么事都会上报，是一个善良老实的好员工。

听完他的描述后，我告诉他要想找到问题所在，就不能讲究"人治"，而是应该讲"法治"，我接着让他给我讲了他们店里的流程制度。这家餐厅有点单系统，就是服务员在客人面前用电子点餐器点单，系统自动把数据传送给后台。这样后厨和收银员就都看到了这个数据，这就是数据流。到了晚上，店长在打烊的时候核对三方数据，并进行现金盘点，做到数据流和现金流一致。为了保证账目的准确无误，收银台的背后安装了三个摄像头，店长每天在摄像头前进行现金的盘点和核。这里说明一下，在 2012 年的时候，餐厅和超市大部分还都是收取现金，当时还不流行微信、支付宝这些第三方支付平台，所以收现金的行业每天都要进行现金盘点。

然后就是查账，这一查就查出来那个在我朋友口中天真善良、憨厚老实的小姑娘在三年里仅仅靠自己一个人就贪污了将近 160 万元！单从这个数字来看是很恐怖的，所以漏洞究竟出在哪里？这个业务流程中出现了哪些问题？她又是怎么做到在不贿赂店长和后厨的情况下独自一人拿走这么多钱的呢？因为既然采用的是三方对账的制度，那么服务员、收银员和后厨是三方独立的账目，是不能被篡改的，而且每天必须是三份账目都对上了才能下班。

其实原因很简单，很多餐厅都采用会员制，顾客成为会员后还会根据消费额的多少分为 95 折会员，9 折会员，85 折会员，甚至还有 7 折会员。这个收银员因为是股东的亲戚，所以股东在哪个地方进的会员卡她都知道，于是她在私下里进了一批会员卡。普通的顾客吃完饭全额付账后，她就拿一张 85 折的会员卡刷一个 85 折，这样差额就进她的口袋里了。轮到下一个客人她再刷一个 9 折，差额又进她的口袋了。这样做就能让最后的三方账目对得上，但是她又确实赚取了差额。

大家可能会好奇，如果她遇上客户要发票怎么办？其实这个问题很简单，首先在餐厅吃饭要发票的顾客较少。其次，如果有顾客需要发票，这个收银员要么不刷这个单，要么她跟顾客说："对不起，我现在没有发票，请您过几天再来。"反正想要作弊的人总是有办法。

当我们发现这个收银员的问题后，原本是应该直接报警的。贪污在全世界都属于违法行为。160 万元这个数字是可以被判刑的。但是后来收银员的那个股东亲戚站出来帮她赔偿了 160 万元，并恳请其他股东放这个小姑娘一条生路。最终小姑娘虽然被开除了，但并没有被起诉。所以在这里给大家一句忠告，不要去贪污，也不要认为自己多聪明，不管贪污的手段设计得多巧妙，最终都是会被发现的。有句老话说得好："常在河边走，哪能不湿鞋。"小到公司，大到国家，有多少贪污犯都是自认为聪明，最终酿成大错。

如何解决收银员贪污问题，一直是零售行业的痛点，因为这些行业的大部分收入都是现金，比如：停车场、超市、电影院、餐厅等。但随着微信和支付宝等第三方支付软件的出现，收银员贪污问题得到很大程度的解决。因此我认为第三方支付平台流行不仅仅是因为消费者觉得方便，同时商家也觉得资金安全了。具体表现在收银员不再直接接触现金了，顾客扫二维码，钱直接进入了公司账户。比如我们平时最常见的停车收费。车主朋友经常会遇到开票 15 元钱，如果不开票 10 元钱的情况，这就是明显的贪污啊，多出来的 5 元钱就是进了收停车费的人口袋里。所以现在停车场都改微信或者支付宝付款了，甚至有的停车场都不安排人工了，改成自动收费抬杆。

某段时间流行某一种东西，往往都是因为它符合了大多数人的需求。但是内部控制的完善是不断升级的，就好像是战场，瞬息万变。有一次我和一个手机知名品牌的 CFO 聊天，就聊到了关于第三方支付平台的事情。这个 CFO 讲了一个案例，他们有一个直营店的店长，在营业中某个不固定的时间段，把公司的二维码换成了自己个人的二维码，然后卖自己的货。当他换成了自己的二维码以后，都出的是自己的货，也就是利用了公司的平台。

这种情况的专业术语叫飞单，或者叫店中店。他只是偶尔卖自己的货，不会很大地影响公司正常的账目，不容易被发现。

所以，微信支付正在慢慢升级，现在我们去餐厅或者电影院用微信和支付宝付钱的时候，会发现店家不再采用纸质的二维码，而是用扫枪扫顾客的二维码，或者在台子上放一个电子扫码器，顾客自己去扫。简单的纸质二维码很容易被换掉，而扫枪是不容易被换掉的。

经济社会任何的一个小的改变，其实可能都跟财务或经济有关，当这个系统可能会出现漏洞的时候，它会自动去弥补，就像 IT 人员去补 Bug 一样，所以内部控制是要升级的。

通过以上案例，我在这里提醒各位领导者，在未来的销售中要注意核查高额的销售折扣与折让，一定要进行二次审批，同时建立轮岗轮调的制度，一个大客户尽量不要由一个销售人员长期把持。另外，一旦发现贪污就不要轻易放过，哪怕采取诉讼的手段，从而以儆效尤，杜绝此类情况的再次出现。同时采取安插可信的人进入子、分公司，门店，派遣神秘客户，巡店长制度这都是一些旧有的内部控制策略，但有时还是很有效的。还有，关注每个门店日营业额有没有异常波动，同时设计更有竞争力的绩效方案，将店长和主要员工与公司捆绑在一起等。对于贪污问题，唯有加强警惕，时刻关注，采取较为强硬的手段才能杜绝，这不仅是对企业负责，也是维持社会正常经济秩序的必经之路。

21　内部控制也有重要性原则

京东的创始人刘强东在最初创业的时候开了一家餐厅，不料竟因收银员和后厨贪污，没多久就草草关门了。因此，他对于企业员工的贪污行为，可以说是深恶痛绝了。

提及京东，人们通常想到的又是什么？毫无疑问，自然是深深打动万千网民的快捷物流送货。既然在运营模式上主打的是物流快速，那么从内部控制上京东就会对分仓特别在意。众所周知，财务战略是搭建在业务战略上的，因此财务对于仓库分仓的内部控制搭建非常必要。

看看京东对仓储货运是怎么管理的吧！

如今在京东的仓库，对每一个订单都有严格要求：即便是打包员多用了一个打包盒，系统都能自动感知；配送员驾驶的货车一旦偏离正常的路线，系统的终端就会发出警示；每个工作人员进出仓库都要接受严格的安检。

在财务管理中，渠道费用的优化往往可以实现企业资金的高效利用。很多时候，渠道费用的有效调整，能让企业的成本大幅度降低。因此，当企业出现亏损时，不妨考虑渠道费用的优化，以进一步提高企业的竞争力。

我曾经是一家婴儿食品公司的财务负责人，当时我们公司的毛利率高达80%，但每年仍然亏损100万元。要知道，我们企业主营婴儿泥糊和婴儿米粉，产品在中国的市场占有率还是挺高的，当时的竞争对手也不多。但即便如此，企业依然亏损。我仔细地分析了一下原因发现，其实公司的生产成本并不高，之所以不能盈利，最大的原因就是渠道费用太高，进店费、堆头费、店庆费等渠道费用吃掉了公司的毛利。

于是，我主动跟总经理汇报了这个财务情况。总经理立刻召开了专题会议，与各个大区的销售代表和高管讨论如何降低如此高昂的渠道费用。会议中，各大区的销售高管坦言，之所以出现如此高昂的渠道费用，主要是因为我们品牌知名度不高。虽然市场占有率还不错，但都是靠高额的渠道费用推出来的。而要解决品牌搭建问题，就需要大量启动资金。可口可乐进店费倒是很便宜，甚至可以不花钱，但我们没有那个知名度，要想进店就得花钱。高管们的解释看起来很合理。

我当时也挺赞同销售高管们的观点。直到后来的一天，我遇见了一位女企业家，她是一家干果企业的公司老总。早期她住在窄小的地下室，每天起早贪黑推着三轮车卖干果。虽然利润不高，但是她的销售方式灵活多变，又做了一些创新从而慢慢把企业发展壮大，目前已经准备上市了。

能把一个不起眼的干果企业做到上市，我对此十分震惊和好奇。要知道，干果这么零散的东西，能有多少毛利？后来一次偶然的机会，我得以当面向这位女企业家请教。我问她："进这么多店，渠道费用这么高，从哪里获得利润和企业发展资金？"她莞尔一笑，反问了一个令我至今仍记忆犹新的问题："你们的进店是谁谈的？"

我仿佛明白了其中的奥秘。缺少监管的进店谈判赋予了销售人员过多的自由裁量权。比如在谈进店的过程中，可能销售人员不善于进行价格谈判，对方要多少进店费，他就直接汇报给总部，总部不清楚过程就直接付钱了。更有甚者，销售人员和店长串通一气，一起贪污公司的钱。比如进店费本应是 5 000 元，销售人员与店长沆瀣一气要 10 000 元，让店长开 10 000 元的发票，之后二人将余下的 5 000 元瓜分。在这种情况下，公司不清楚谈判的内容，更没有进店费的预算范围，最后的结果很可能是多花了很多钱，造成毛利率高但每年仍然亏损的现象。

相比于此，这位女企业家却亲自谈进店，抓住企业发展重点，实现了企业的茁壮成长，可以说是灵活运用重要性原则的典范了。

后来，三只松鼠横空出世，快速占据坚果行业的巅峰宝座，其成功的关键要素就在于模式的创新。在所有公司都在考虑怎样和渠道商谈判，降低渠道费的时候，三只松鼠悄悄将目光锁定在了互联网，靠线上平台实现了厂家和用户的连接，从此告别高昂的渠道费用。而且因为初期的互联网流量足够便宜，三只松鼠很快就一飞冲天。虽然如今流量费用已经水涨船高，但三只松鼠早已吸引了足够多的粉丝，其粉丝基础已经坚如磐石。依托线上的优势，三只松鼠已经通过资本运作成功上市。自诞生之日起就有的互联网基因，是三只松鼠的优势。

虽然各个企业成功的秘诀各有不同，但有一点是肯定的：没有创新的企业，生存会比较艰难。创业初期什么都没有，可能还能依靠学习行业大佬的经验获得快速增长。可一旦企业达到了一定规模，想要继续高速发展，就只能走别人没走过的道路。

那么我们引申一下，公司制定最健全的内部控制制度就好吗？或者说内部控制制度是不是越复杂越好？其实不然。因为内部控制制度复杂的背后是业务效率低下。

揆诸当下，某些企业建立很多的内部控制制度，经过层层签字审批，付一笔钱要等半年。因为内部控制制度太多会导致效率低下，所以企业的管理之道，要随着企业的规模变化而不停地改变，内部控制制度更要随之改变。当企业家刚开始创业，他的团队只有 10 个人的时候，难道需要给每个人审批权限吗？当然不用，老板一个人签字就行了。因为企业最主要的目的就是有效率地挣钱和生存，财务部门只需要对公司的资产、资金进行保护就可以了。因为员工的收入额并不大，所以可以先不考虑税务筹划。况且国家已经对小微企业给予了足够的税务优惠。单看小规模的有限责任公司，增值税仅 3%（新冠肺炎疫情期间 1%），每月销售额不超过 15 万元则不需要缴纳增值税；净利润不超过 100 万元，仅需缴纳企业所得税

2. 5%；净利润为 100 万 ~ 300 万元，仅需缴纳 10%。

　　因此财务管理可以简化一些内控手段以配合业务发展，不需要流程过于烦琐（根据之前提到的内部控制标准 COSO 的五大要素来确定内部控制制度的取舍）。小企业就是凭借运作灵活战胜大企业。上午开会讨论完做了决定，老板一签字，下午就执行，效率多高！若是把大企业的那些流程制度照搬到小企业身上，扼杀了其灵活性，不等于是自废武功吗？

　　因而企业可以分为三个阶段，从无到有、从有到优、从优到卓越。首先，在从无到有阶段，快速生长，以挣钱为第一要务；其次，在从有到优阶段，打破固有观念，开始建立体系，若不建立体系，仍沿用小规模企业思路，就无法将企业做大；最后，在从优秀到卓越阶段，当企业家难，尤其是当成功的企业家，需要在关键的节点上破除旧有的模式，走出舒适圈。

　　此外，企业成长须得不破不立。何为不破不立？无非舍得二字。先有舍，才能得。打个比方，很多老板觉得老员工最好，但随着企业进一步的发展，慢慢发现有些老员工可能会成为企业的桎梏，应该换。正如"铁打的营盘流水的兵"，如果没有新鲜的血液进来，怎么知道新人就没有老人好？其实，只要能引进竞争力，让这个部门竞争起来就是好，员工竞争力更强，企业自然更有生机，员工也更有动力。目前大多数公司都是采用"末位淘汰"制去优化人力资源。管理企业的思路也是一样的，不打破原有的格局怎么成长？若人们依旧秉持中小型企业的经营思路，就无法突破瓶颈，突破的首要关卡便是自己这一道关。突破这一关不只需要勇气，还需要经验。因此我们要得到有经验人的帮助，不然将无法学习成长。

第6章

内部控制总结之方法论

22 你知道PDCA[○]吗

当世界经济面临挑战时，企业能做些什么？在近两三年的时间里，企业可以做的就是多练内功，做好成本控制，利用这两三年的时间把公司结构和税务结构搭建好，毕竟在这蛰伏的两三年时间里，有很大希望能够复苏。

目前，我国的企业正在由粗放式管理逐步演变到精细化管理，这是大势所趋，也是每一家企业都必须要做的一门功课。通常来说，精细化管理可以分为四个方面，也就是我们常说的 PDCA。

什么是 PDCA？其实就是计划（Plan），执行（Do），检查（Check）和最终结果（Action）。

首先是 P（Plan），做计划。公司的各项预算其实就是计划中的一项，详细的计划是项目成功的基本保证。精准的预算可以把好控制关，周密的计划可以更好地看清项目的本质。

做任何项目，一定要先制定周密的计划（Plan），然后进行试点行动，也就是进行小范围尝试（Do），因为实践才是检验真理的唯

　　○　PDCA 最早由美国著名质量管理专家戴明（William Edwards Deming）提出来的，所以又被称为"戴明环"。

一标准。

接下来是 C（Check），即对实施的行动进行检讨、确认。

最后是 A（Action），指的是最后的全面的行动。

我们之前提到过悉尼蓝山度假村（鹰冠庄园）的案例。我在做这个项目的时候，就是先在采购部门试点，然后再慢慢把改革措施铺开到各个部门。试点只是一项计划和实践，最终能否取得成功，关键还是看具体的执行力。其实不难发现，我国的各项改革也如出一辙。改革不能鲁莽，需要先做试点，有了一定的基础后再慢慢铺开。像我国最近准备推行的货币数字化也没有一下子大面积铺开，而是首先在深圳和其他省份的一线大城市做了试点，取得一定成果之后再在更大范围或全国铺开。

只有计划制定得足够详尽，实施的步骤才能有据可查，最后的成功概率才会更高。先做试点是降低试错成本的一个非常好的方法。相比于那些想到哪、做到哪的做法，提前规划不仅节省了人力成本，还能让项目有更强的可行性，为落地执行提供一个参考方向。对于那些有较大影响的决策，灵活运用 PDCA 步骤尤为重要。决策时一定是先小范围试点，通过试点评估效果，切实可行才接着做、铺开做。不要一开始就拉开架势，全面铺开，虽然不一定失败，但只要失败了，对公司的不利影响就是深远的。

23 会计和出纳如何职责分离

内部控制作为新时代背景下企业财务管理的重要内容，反映并影响着企业的管理水平以及工作效率，且对企业的经济收入、转型发展有着不可忽视的作用。因此，掌握内部控制的几个重要策略，是企业提高管理水平，进而提升工作效率，最终获得更多利润并走上新型发展道路的必由之路。其中，职责分离是内部控制的重要手段。

所谓职责分离，通俗来说就是不让一个人掌握一份工作任务的全部流程，通过合理的组织机构设置以产生相互牵制、相互监督的作用。比如，一家公司应雇佣出纳与会计，管账的不管钱，管钱的不管账。或销售人员催款、财务人员回款等。假如一家公司的销售人员又催款又回款，那么这家公司就没有做好职责分离，即它的内部控制体系是不科学、不正确的。

我们还可以再进一步细化职责分离。职责分离并非如人们想象的只需设立两个职位这般简单。如果想要通过职责分离使内部控制体系进一步完善，还需企业管理层掌握财务管理知识与技巧，并合理地进行调度安排。因此，希望下面的实例能够激活大家的思维，探索出职责分离的精髓。

我在普华永道的时候曾经给一家大企业做审计，应该说企业当时的工作流程还是十分严密的，但这家企业的出纳还是抓住了漏洞，贪污了 800 万元，他是怎么做到的？

这家企业的出纳每个月月末要去银行拿银行对账单，然后返回公司，再做一个银行余额调节表。银行对账单其实就相当于企业的流水单，但银行对账单上的余额和公司银行账上的余额是肯定对不上的。之所以会出现这样的情况，是因为会有银行已支付而企业未支付或企业的支出已经记入公司银行账而银行未支付的部分。比如银行已经划转了企业的税和社保，但如果出纳还没来得及去银行拿单据，就还没有记入公司银行账，这种情况属于前者；而当公司银行账上已经记录了工资成本，但银行还未实际拨款，就属于后者。总而言之，由于时间差的存在，会导致"对不上"的情况出现，因此要做银行余额调节表，好让银行对账单和公司银行账"对得上"。

　　这名出纳做好了银行余额调节表后就去找财务经理审批，因为财务经理事务繁多，一看对得上，就签字了。出纳发现了漏洞，于是就在外面做了一份假的银行对账单，这份对账单看起来和真的一模一样。接着他把自己偷转出去的钱都从对账单上抹掉，同时篡改了企业的银行日记账，再把银行余额调节表做平，就交去审批了。财务经理看完觉得对得上，就签字过关，于是这名出纳就这样瞒天过海，贪污了 800 万元。最后是我们做审计时给银行发询证函，由银行盖章确认银行余额时才发现了这名出纳贪污。

　　这个实例其实给了我们两个启示：第一，审计人员通常不用客户提供的银行对账单作为审计依据，而是向银行进行函证，这样做能有效规避贪污事件的发生，并在一定程度上起到监督作用；第二，工作环节的分离是职责分离的关键。这家企业的工作流程最大的纰漏就是部分工作环节全由一人负责，没有做好职责分离——出纳一个人既拿银行对账单又做银行余额调节表。如果是出纳拿银行对账单，会计做银行余额调节表，或会计拿对账单，出纳做银行余额调节表，即做好职责分离，大概率就可以避免贪污了。

　　此外，组织结构控制也是内部控制的重要手段。组织结构可细分为内部组织结构和外部组织结构。内部结构控制是根据企业情况搭建的内部组织结构，各个部门相互合作与监督。如高管或CEO、CFO归董事会管，董事又是由股东通过股东大会任命；有些大型企业还会设置诸如内控部和审计委员会这样加强监督控制的部门。

外部组织结构则为母公司、子公司、分公司、办事处等组织结构。子公司、分公司、办事处的创办其实更应该有财务负责人的参与。因为分公司、子公司、办事处的纳税规则并不相同，且不同组合可能使税负下降很多，这其中涉及较为专业的税务筹划的知识，因此应由财务人员参与此类事务。关于公司结构的搭建，我们后面会展开详尽阐述。将公司结构运用好，往往会给公司带来可观的节税效果。同时，根据公司结构的搭建情况还会有一些具体的财务管理工具，比如收支两条线是对集团公司资金进行有效控制，全面预算是对企业的收入、成本和费用的控制。

总而言之，内部控制的工作是多方面的。贪污的危害不容小觑，很多企业不是被竞争对手打败，而是被自己内部的贪污拖垮了。贪污猖獗的公司，绝大多数内部控制做得不好，甚至完全没有内部控制。要想铲除贪污这颗毒瘤，职责分离是不可不采取的措施。

24 一定要盘点库存

图 6-1 是内部控制的八个主要手段和工具。我们只选其中主要的几种手段来进行分享。

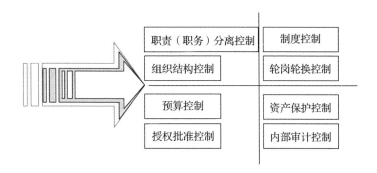

图 6 - 1　内部控制的八个主要手段和工具

上一节讲了职责分离和组织结构控制。

轮岗轮换控制也很重要，比如说财务部门有很多重要岗位，出纳岗位或者是子分公司的财务负责人，要定期轮岗轮换。这是一项十分重要的制度，因为通过轮岗，继任者往往可以发现离任者存在的问题。由此，上任人员便不敢太过逾矩，以免造成过多遗留问题，引起上级问责。所以大部分的内部控制并不是做事后控制，而是事前控制。比如，资产保护控制中的"盘点"，对于所有企业尤其是生产型企业而言是十分重要的，虽然盘点看似是反映盘盈或盘亏等问题的事后控制，但其实盘点更多的是做事前控制。

对于盘点来说，只要是实物和账目不符，就都是存在问题的。因此盘亏是问题，盘盈也同样是问题。

我曾给一家电商企业做过咨询，起初这家电商企业因为规模太小，并没有盘点制度。我们在现场调查中，首先就向企业相关人员提出，要求库管人员每天都进行仓库盘点。他们也认真遵守，每日盘点。但两个星期后负责人打电话告知我，盘点制度可能不太适合他们，因为增加了库管人员的工作量，导致每晚十一二点才能结束工作，还会影响次日工作，因此引得库管人员怨声载道。

我给这位负责人打了一个比方。假如家中装了很多摄像头，虽然麻烦，但遇到小偷上门时，摄像头就是强有力的威慑；而如果没有摄像头，小偷行窃起来就更加容易肆无忌惮。放到公司当中，如果没有盘点制度，有些员工面对质量上乘的衣服，有可能会擅自拿取，而盘点就可以避免这种情况发生。见我坚持，库管人员开始严格执行盘点制度。如今，库房负责人甚至把盘点当成了习惯，完成盘点之后才会下班。其实这项工作并不耗时，我们根据仓库人员少的现实情况，要求仓库每日结束工作前半个小时，仅仅对当日入库和新出库的存货账进行盘点即可，半个小时到一个小时就能完成。财务人员根据企业的库存规模每月或者每半年监盘一次即可。

后来，为了使员工更加重视盘点，这家电商企业将盘点情况与绩效相关联。如果盘点没有问题，与账目无差异，则库房人员会得到奖励。若存在问题，所有操作人员需要照价赔付。为此，库房主管为仓库特意安装了铁门，禁止无关人员进入仓库，如需领取货物，只能通过窗口接取。入库时同样禁止外人进入。因此，如果真的发生货物丢失，便可以排除仓库外人员的嫌疑，仓库人员执行赔付即可。如今这家公司年销售额已经过亿元，而若没有盘点制度，仓库里的货物管理混乱，员工随意偷拿，乱摆乱放，必然难以取得如此大的发展。当然，现代企业管理的趋势是迈向"零库存"，以销定产，将库存尽量压低为零。但如果企业有库存的话，我们依然要对库存进行严格的盘点。

资财保护对于每一家企业都极其重要，即使是白手起家、从无到有的企业，也需要资产保护。而内部控制的一个核心思想，就在于保证股东资产与财富安全，这也是财务人员的分内职责，因此内审是必不可少的。

　　内部控制还有一个重要手段就是内部审计。即便是一家小公司，也有自己独特的内部运行逻辑，因为麻雀虽小，五脏俱全。通俗地说，就是小公司有它自己的玩法。小公司中的内审可以通过举报邮箱实现，设置一个邮箱作为企业的举报邮箱，员工可以往举报邮箱中递交举报材料，检举揭发公司内部乱象。如果查实了，给予奖金，同时通过邮箱给员工回复邮件，并低调地发放奖金。通过这样的监督机制，就能大大减少贪污舞弊的现象。

　　如果内审没做到位，就可能让员工有可乘之机，给公司造成损失。1999 年，我认识的一个人，就通过报销挣到了他人生的第一个100 万元。

　　你或许会以为他是通过乱开发票获得报销。事实上并不是，他报销的都是真实的发票。这个人在公司从事的是咨询工作，那是一家知名咨询公司，他是项目的负责人。一般这种顶级的咨询公司在与客户签订合同时会要求客户承担咨询师住宿的五星级酒店费用，并且明确地把这个条款写进合同里面。

　　这个人做的都是比较大的项目，做深度咨询，每次要带 15 ~ 20个人，并且一般要在当地待上两个月，而且一年 12 个月基本都在外地出差。

　　他作为项目负责人，由他来订酒店是理所当然的。假如要去南京做项目，他就会给南京所有的五星级酒店打电话。我们都知道，那时是 1999 年，互联网远不如今天发达，当时他就要求酒店的住宿费必须低于门市价，不管低多少，只要低于对外报的门市价就行。

　　假如他带 15 个人出差，则至少需要 8 间房，每天晚上一间房给他 100 元回扣，直接打到卡里，而发票则按照总金额（包含回扣）正常开。在这个案例中，首先他要求价格要低于门市价，这就很难被发现。其次，100 元钱相比于总的住宿费来说并不多，尤其在淡季的时候，酒店是很愿意做这笔生意的。这样算下来，两个月 8 间房，发票正常开，这个人就通过差价报销轻松挣到了不少钱。

他这么操作有没有违法违规？答案是肯定的。但是他也可以说，好多项目经理入住五星级酒店，都不去砍价，他确实是砍了价格，在低于门市价的情况下才拿回扣。话虽如此，但是这依然是违法违规的行为，毕竟他窃取了本不属于他的利益。

那我们该如何杜绝此类现象呢？如案例中的酒店住宿，现在的一般做法都是公司直接和酒店签订合作协议，而且还会根据员工的级别分标准入住不同类型的酒店。例如基础员工入住如家酒店或者汉庭酒店这样的经济型酒店，因为像这种连锁酒店的价格基本都是对外透明的。此外协议价格还可以在对外价格的基础上再有所降低。

我们知道某些大型公司现在的差旅费用都采用外包形式，一站式服务，从出租车到酒店入住全都由公司安排。员工不接触差旅费用报销，更不用说通过报销赚取回扣。

所以公司对接公司的决策显然要比个人对接公司更好，不让个人的权力过大，以防止内部的贪污舞弊导致更多问题出现，以至于腐蚀公司。

25   ERP 和内部控制

一家企业达到了一定的规模，很有必要上一套 ERP 系统。但有一个前提就是，这家企业要有相对完善的内部管理和操作流程，比如要结合业务的各个流程环节，配备相应的单据和详细的财务数据，以及公司自己搭建的 IT 平台，同时有相应的数据录入人员。

现在有这样一个问题，如果一家企业上 ERP 的预算只有 70 万元，这家企业的内部管理也比较完善，达到了中型企业的规模，而 70 万元的预算只能购买到一套国产的二线品牌 ERP。可就在这个时候，公司的 IT 部技术总监毛遂自荐，说他可以自主开发一套 ERP，费用只需要 10 万元，而且这套 ERP 是为本企业专门开发的定制款。

如果你是这家企业的老板，请问你会怎么选？其实，从企业内部控制的长远发展来看，最佳方案是选择一家专门做 ERP 的服务公司。

如果选择了费用较低的个人开发 ERP 方案，很容易后患无穷。我在这里分享两个类似的案例。有一家年销售额在 10 亿元以上的日用品集团公司，我的一位朋友在这家公司服务了十几年，对于公司的各个部门、各种流程以及各类财务数据，他是了如指掌的。因为懂系统开源，他为公司设计了一套 ERP 系统，ERP 系统底层结构的源代码，是他一个一个码出来的，也就是说，他一个人扛下了公司 ERP 开发的所有工作。

到目前为止，我这位朋友已经在这家日用品集团工作了十几年，稳坐公司的第三把交椅，公司里几乎没有人敢管他，为什么？因为他一走了之的话，公司的 ERP 系统将全面瘫痪，因为所有的源代码是他自己做的。

我曾经问过他，他给公司定制的 ERP 系统有没有后门，有没有地雷？他非常肯定地说，为了方便维护，任何系统都会留有后门和地雷。比如，在非工作时间，如果系统突然出现问题，他可以用家里的电脑通过后门进入 ERP 系统后台，查找问题，修改漏洞。

而且，我的朋友不会把系统的后门开放给别人，毕竟只有他懂得如何操作。同时，他也不大会把一个新人培训得跟他的水平一样，以免新人可以代替他的位置，那他在这个公司存在的价值就不大了。

这样一来，这家公司就被我这个朋友掐住了命脉。所以，公司最好还是与公司进行对接，公司与个人对接的话，会出现很多不对等的错位关系，最终可能会给公司带来损失。

接下来分享另一个例子，有一家新成立的公司正在招一名物流主管，这家公司的产品按照各个区域设置分仓管理。有一个来应聘的人很厉害，他的上一份工作是在一个上市公司里任职物流总监，更令人想不到的是，他手上有一套分仓的进销存软件，因为这套系统本身是他自己开发的，所以可以为有需要的企业量身定做。基于这个原因，公司在众多的应聘者中选了他。

公司之所以做出这样的决定，是考虑了两点。一是招进来的这个人有丰富的物流及库房管理经验，把库房管好肯定是不在话下；二是这个人不但为公司工作，还免费送给公司一套分仓系统。不说别的，单单看这套系统的价值就可以让公司节省一大笔钱，公司老板当然愿意聘用这样的人了。

可就在系统上线的第二年，这个库房主管就按捺不住了。他通过自己开发的系统明目张胆地贪污，而公司竟然拿他一点办法都没有，全公司没有一个人敢动他。公司老板知道了他贪污的事实之后，也想过报警来抓他，可是如果把他给抓了，自己的公司也会受到重创，系统会彻底崩溃，如果再上一套新系统，还需要半年到一年的时间。公司经过权衡利弊之后还是决定不报警，结果就是眼睁睁地看着他继续贪污。他们公司负责内审的人问我，如果在他下班后把他的硬盘和电脑都搬走会怎样？我的回答是，一般的技术人员都会给系统留有后门，也会做系统备份。哪怕搬走了他在公司的电脑，他仍然可以通过其他的电脑进入系统，再任意修改数据。

所以，这也就解释了为什么很多公司会选择使用金蝶系统、用友软件或其他一些成熟的 ERP 系统，这些系统不属于任何个人，系统主权属于系统开发商；然后由系统开发商授权用户使用。公司做二次开发要由公司 IT 人员和系统开发商共同研究确定。出现了小的问题，公司 IT 平台自己解决，大的问题也是由系统签约的公司派人来解决。所以，公司老板一定要谨记，不要让自己的公司受制于人，以免处处被动。

当然在企业内部反贪污方面，各个公司还有自己的招法。滴滴公司在 2017 年推出一项整治贪污腐败的廉政制度，其中有规定，如果外部的合作伙伴举报滴滴内部人员有违规行为，且证据确凿，奖励现金 50 万元，这个数字很有诱惑力。接着，滴滴公司又在 2018 年出台新规，内部人员相互举报也可以获得 10 万元奖励。到目前为止，有数十人获得了奖励，可见贪污腐败确实不在少数。其实，现在的很多大企业都在致力于反贪污。据相关数据显示，滴滴公司在 2018 年共查处各类贪污人员达 83 人，其中有 8 人被直接移交法院进行审理。

长城汽车集团的内部管控是出了名的"狠"。在一次总裁班的课堂上，有一个学员就是长城汽车集团的供应商，他上台分享说，自己在这方面特别有感触。

他首先介绍，进入长城汽车集团大门就能看到两块黑白石。一块绿绿的草坪上，立着一块黑石头和一块白石头。白石头上是汽车研发失败的各种案例，黑石头上写着"警钟长鸣"四个大字，背面刻着公司贪污人员的姓名。换句话说，一个人因贪污进了监狱，还在公司进门的黑石头上留下了永远也抹不去的印记，贪污所付出的代价确实有点大。

长城汽车集团也有"阳光协议"，所有外地厂商来长城汽车集团谈判，需提前一天告知厂部，由厂部直接派人接待，任何个人不得擅自接待。外地厂商来到会议室，能看到电视屏幕上滚动播放的各种庭审记录的视频，会议室的桌子上也很显眼地放着各种贪污警示录杂志。

当然，长城汽车集团还有内部反腐小分队，专门负责对贪污人员进行侦察和证据搜集。汽车由上百万个零件组成，一旦在内部控制上出现问题，产品的性价比就会大大降低，从而被市场淘汰。

公司的内部控制固然是必要的，但所有事物都有好的一面和不好的一面，所以我们要辩证地来看待内部控制。说到底，内部控制就是一把双刃剑，过于烦琐的内部控制很可能会影响公司的运转效率，而适当的内部控制将会提高公司的运营效率。内部控制是 CFO 的专长，但需要 CEO 来负责和配合。所以，如何让企业既能做到内部管控的机制健全，又能做到高效率地运营，这就需要财务设计师们好好去研究这个课题。

第 7 章

成本控制

26 西南航空的"逆风飞行"

在 1991—1992 年，由于世界石油危机导致运营成本大幅上升、航空机队因收购合并变得机型复杂等原因，美国倒闭了三家航空公司，而西南航空的营收却逆势增长了 20%，同时削减了大量成本，使得公司的经营利润在航空业普遍低述的情况下得到提高。西南航空公司创造逆风翻盘奇迹的关键就是削减成本，那么它是如何削减公司成本的呢？

在削减成本的过程中，方法很重要。削减哪一项成本，怎么做才能削减成本，都是需要公司权衡选择的。因为并不是什么成本都能够削减的，比如生产经营过程中围绕着产品核心的成本和费用，就不能随便砍掉，否则会影响到营业收入与企业口碑，得不偿失。因此，在企业进行成本控制时，一定要仔细斟酌推敲，分清主次，在保留企业产品核心竞争力的前提下，削减不必要的花费。

企业的产品和服务归根到底是面向客户的。因此，在衡量成本削减项的时候，首先还是要站在客户的角度看待问题。那么就航空公司来说，你觉得客户乘坐飞机最看重的是什么？安全。例如，我本人平时出行就更喜欢坐中国国际航空公司的航班，就算它的票价比别的航空公司贵一些，我都坚持买国航的机票。作为一名客户，国航得到我偏爱的原因就是它从成立到现在所展现出来的强大的安全性。

这里所说的安全性，就是航空交通服务的核心之一。如果有一家航空公司既安全，票价又便宜，那岂不是更能得到消费者的青睐？西南航空就是这样的。但问题在于，西南航空是如何在大环境如此之差的情况下，依然能够同时做好削减成本和保留公司服务核心价值这两件事的呢？

西南航空为成本控制所做的第一件事情就是统一机型，即将所有的航空机队的机型都统一成波音 737 型号。这么做的好处在于，可以节约采购成本和未来的飞机维护成本。机型统一了，购买和更换零配件就方便了，一定程度上降低了采购成本和维修成本。再加上波音 737 本身就是节油型飞机，油耗并不高。因此从节流的角度来看，西南航空做得还是很不错的。

除此之外，西南航空在节流上还做了两件事。首先，将登机牌的材质换成塑料，这样就可以从客户手中回收登机牌反复使用，从而降低制造成本。其次，航班只向乘客提供花生和饮料，不提供餐食。如果客人想用餐，可以在飞行中自行购买。虽然提升航班餐食供应品质可以提高客户的飞行体验，但客户最看重的还是安全性。因此在行业形势严峻的情况下，为了达到控制成本、提高价格优势的目的，削减次要项目的费用与支出不失为明智之举。

节省了开支之后，西南航空又做了两件事，增加了航班收入。首先，增加飞机座位，提高每班飞机载客量。因为每飞一次的成本是固定的，载客数越多，相对的客单成本就越低。其次，增加了每架飞机飞行的班次。当时西南航空每架飞机每天的航行班次可以达到 11 次，这是其他航空公司做不到的。而西南航空之所以能够做到，就是因为他们缩短了地勤时间，他们规定地勤打扫时间必须控制在 15 分钟内，以此提高飞机飞行频率。

成本控制对企业而言向来是难题，因为要提高产品的竞争力，无非只有两条路：产品售价一样，我的质量比你高；产品质量一样，我的成本比你低。而要通过控制产品成本来赢得竞争，关键还是需要一套组合拳，找出自己的优势，在对手做不到的地方降成本。

27　砍成本的妙处

在企业经营中，企业家经常要面对资金风险、成本风险以及内控风险这三大经营风险。很多企业家对自己公司账上的资金具体有多少，是不怎么清楚的，更不用说去预估一周后、甚至一个月后公司的账目情况了。

作为一个公司的老板，对于一周或者一个月内进多少钱、出多少钱，也就是公司的现金流，心里要有数。比如说教育行业主要的支出，就是公司的房屋租金、老师的课酬和提成以及招揽生源的宣传推广费用，这些都是公司支出的大额部分，是必须要知道的。其他一些细小的或不固定的支出，也最好要清晰明了，正所谓积少成多，不要因为数额小就自动忽略了。

当了解清楚公司支出后，就需要对公司收入有所认知，这样才能及时掌握公司的盈利或亏损情况。担任公司财务职务的人更应心中有数，有的公司老板会随时随地询问关于公司的资金问题，为了能及时并准确地让领导掌握公司财务动向，就需要财务人员做好数据报表。当然，更优秀的做法是不等公司领导问，而是自己每天整理好报表提交上去。财务人员一定要有事前、事中、事后这三个阶段的判断能力。事前多做工作，要好过事中和事后做补救。

除了现金流，成本控制也非常重要。我在教学时常指出：

（1）降低成本或费用，省掉的钱会直接变成净利润；

（2）增加销售收入的同时还要看成本和费用的变化。如果销售收入的增加是通过降价或增加市场费用而取得的，不一定会增加净利润。

这就是财务人员总是想方设法地让公司各部门砍成本、砍费用的原因。因为这么操作，利润来得最直接。否则，为了增加 10% 的收入，还得投入市场费用，做宣传或者做促销，成本费用也就跟着上升了。很多企业收入增加之后，利润反而变少了，就是这个原因。公司有可能收入无法增长，但砍掉的成本和费用都是纯利润，所以千万不要忽视砍成本的重要性，有时候它带来的好处比开拓市场带来的还要多。

那么，公司的支出哪些方面可以节约，哪些方面一定不能降？比如，针对产品市场，有关产品核心价值和产品性价比方面的成本，就尽量不要节约。因为这很可能会导致产品质量的下滑，引起负面效果。

28　高端产品挣钱还是低端产品挣钱

世界上最赚钱的服装品牌是哪个？

可能很多人会理所当然地以为是 Gucci、LV 或者是 Prada、爱马仕这些奢侈品牌，但事实并非如此。目前世界上最挣钱的服装品牌是 Zara。

日本长期稳坐首富交椅的又是谁呢？

优衣库的老板柳井正。

这两者都是中低价格的服装品牌，是主打性价比的。奢侈品牌虽然价格高昂，但其消费群体毕竟基数小，这就影响了整体利润水平。更何况，奢侈品牌的售卖价格远远高出了商品的实际价值，产品溢价严重，除了特殊人群，一般人还是只看不买。

再说汽车行业，我们都知道路虎是英国的高端汽车品牌，一辆路虎汽车的价格动辄上百万元，可是近年来路虎的销售额逐年下滑，甚至产生了巨额亏损。面对陷入困境的路虎，许多汽车业巨头都虎视眈眈，想趁机收购路虎，毕竟路虎的品牌价值还是很高的。最终，路虎却被印度塔塔集团收入囊中。

消费者其实很难把塔塔和路虎两者联系在一起，因为路虎售价高昂，而塔塔集团却是专门卖低端车的。塔塔集团卖的最便宜的一款车，叫 nano，售价折合人民币 16 000 元。不过，产品售价和公司实力是两码事。塔塔汽车是塔塔集团（TataMotors）下属的子公司，是印度最大的综合性汽车公司、商用车生产商，在全球商用汽车制造商中排名十甲之内，年营业额高达 20 亿美元，占有印度市场 59%的份额。

为什么塔塔集团能做到销售价格低廉的汽车，还能赚到钱去收购其他同行呢？因为塔塔集团将削减产品成本做到了极致。"如果削减的成本涉及了核心价值，就要先研究价值、功能和成本之间的关系，来确定如何进行成本调整"。

塔塔集团通过研究发现，以 nano 为例，通常买低价汽车的客户群体最关心的产品特性只有一种，就是安全，因此安全性就是这辆汽车的核心价值。一般汽车所需设备有空调、助力转向、安全气囊、雨刷器、保险杠、防撞横梁、水温表、速度表、反光镜、收音机、油表、转速表等。以上这些汽车设备应该砍掉哪些，留下哪些? 毕竟这款 nano 售价不到两万元人民币，汽车公司还要挣钱，不可能什么设备都安装上。

在经过大量产品试验后，这款车最终留下了油表、速度表、单个雨刷器，单个反光镜以及价格最低廉的安全气囊。油表和速度表是汽车行驶的必备条件，所以得有。雨刷器和反光镜是行驶的保护工具，但普通汽车都是两个，塔塔把它们分别减掉一个，节约了成本。安全气囊是发生意外时保命用的，因此也得保留，只是选择了价格最低廉的。就这样塔塔把生产一辆汽车的成本削减了下来，至于舒适性和美观性，就不是一款价格 1.6 万元的汽车产品所需要考虑的了。

关于成本有一个公式：$V = F/C$。其中，V 为 Value（价值）；F 为 Function（功能）；C 为 Cost（成本），即产品价值 = 功能/成本。从这个公式中我们可以延伸出五种关系：

产品功能不变，成本降低；

成本不变，功能提高；

功能提高，成本同时降低；

成本略有提高，同时功能大幅度提高；

功能略有下降，同时成本大幅度下降。

很多人都记得有个"历史产品"叫 Walkman，也叫随身听，还有 MP3。当年为什么这两款产品能打败 CD 机和家庭发烧级音响成为多媒体音频的主流呢？就是因为 MP3 和 Walkman 大幅度地节约了成本，没有追求功能中的音响效果，而是提高了其他的功能性（便携、音乐可编辑性能），也就是公式中的功能提高，同时成本下降。知道了这个公式，大家就知道如何在成本控制中找到自己的解决方法了。

在产品市场上，已经有许多优秀的企业向我们证明了并不是高端产品才能赚钱，低端产品获取的利润是可以超越高端产品的。低端产品的制造成本是企业盈利的核心要素，如何科学地降低制造成本，提高功能性，相信看到这里的你们已经有思路了。

29　预算是一把尺子

搭建良好的预算体系包括预算绩效考核体系，也是控制成本费用的一个有效工具。全面预算是依据企业 3 ~ 5 年的业务战略部署而产生的财务预算，是衡量业绩的重要指标。然而可惜的是很多中小企业并没有去做全面预算，导致企业内部业绩考核混乱，企业很难更上一层楼。

全面预算包括经营预算（实际经营预算）、资金预算（关于全年资金的预算）、资本预算（投资和融资预算）、财务预算（三大报表的预算）。

对于中小企业，我建议做好经营预算和全年资金预算就可以了。毕竟预算作为财务管理工具是要为企业运营服务的。要根据企业所处的行业、企业自身的规模大小而进行适当的简化或者完善，不可纸上谈兵，或者为了做预算而做预算。

那么预算应该怎样做才能真正地起作用？

首先，记住一点，财务是基于业务来管理的。预算没有业务负责人的支持，没有董事会或者股东会的支持，是做不好的。它需要来自于高层的支持。那么，你觉得预算是自下而上做好，还是自上而下做好？其实无论是自上而下做还是自下而上做，都是可以的。预算是团队作业，明细化分工，只要通过互相尊重地讨论、妥协去达成共识，就符合预算精神。我个人比较喜欢自下而上来做。其流程如下：

下发一个预算通知，要求各个部门按照规定时间报送预算到各个子公司、分公司，再由子公司或分公司汇总上报到总部，由总部的财务预算委员会对各个子公司、分公司的预算进行审核。

审核后根据上报的预算初稿，进行预算指标的调整，最后再逐个发放下去，让各个部门或者是子公司、分公司进行修改。这样反复来回至少三遍。

为什么我会喜欢自下而上做预算呢？

第一，各个部门或者子公司、分公司自己制作的预算可能会更加贴近业务现实，比起让集团总部直接下发预算数字，更加符合业务的需求。

第二，也是最重要的一点，是自下而上可以间接地"看人品"。比如，观察子公司、分公司是否按照总部要求上报预算初稿的时间按时上报，上报的格式是否符合总部要求。如果有些子公司、分公司配合得很不好，未来在预算工作中要作为重点进行监督。还有，如果哪个子公司、分公司的负责人"人品"不好，他就会报低收入，报高费用和成本，这样的公司管理层是没有战斗力的，未来在预算执行中也要重点盯防。而"人品"好的负责人，就可以少一些监督了。

因而预算就好像是一把尺子、一个指标，来衡量公司的各个部门或子公司、分公司负责人的水平。如果你没有制作好这把尺子，业绩的好坏就变成了公说公有理、婆说婆有理的事情。

而全面预算最终确定以后，下一个重要的环节就是让各个部门或者各个子公司、分公司的负责人和总公司签订军令状，也就是目标责任书。一旦没能完成预算业绩，除非出现了特殊情况，否则就会有相应的处罚，甚至是主要责任人引咎辞职。这样，这把预算的尺子就能真正起到衡量业绩的作用。预算具体有哪些类型呢?

预算有六种类型，常见的有五种。

第一种，项目预算，指那些独特的或会对企业产生重大影响的项目，需要对其进行直接成本和间接费用的简单处理。

第二种，增量预算，认为以往的预算数据均是正确的，在去年的预算基础上进行增加，然后产生新的预算。

第三种，零基预算，是把所有预计的事情按照重要程度进行排序，再反复证明每项开支的合理性，从而消除不符合成本及利益原则的事情。这种预算方式，其实是目前大多数企业编制预算的方式，而所谓零基，就是每年的预算都是从零开始做，每年做的预算都是一个崭新的计划。

零基预算和增量预算最大的区别就是增量预算是在上一年的预算上增加预算项目。

第四种，滚动预算，是指在每个月或者每个季度结束后，重新评估这一财政年度剩余月份或季度的预算，根据实际情况进行更加合理的调整。这样的预算就像是一把软尺，比零基预算更能够契合实际业务的需求。

我曾经工作过的大部分外资跨国公司都使用的滚动预算。什么样的预算才是滚动预算？这里先要引入一个知识点，就是财务预测（forecast）。

我们先要分清楚财务预测（forecast）和预算（budget）的区别，很多书中错误地理解了财务预测和预算的区别。

在企业实践中，我们把对本会计年度内经营业绩的短期预估叫预测。预测范围通常情况下不会超过一个会计年度。预测周期则视要针对的范围，可以按季（例如只预测利润表三个核心数据、流动比率等）；按月（例如只预测销售、毛利、变动费用等）及按周（例如只预测现金等）。

当然，预测也可以是针对整体业务的。比如，我们准备从 2021 年 10 月开始，编制 2022 年全年的预算。但这个时候就出现了一个问题，通常我们做下一年度的预算，是要参考本年的财务历史情况。虽然 2021 年 1 – 9 月的实际财务数据已经出来了，可是 10 – 12 月的实际数据并没有出来。这个时候，我们就要做一个 10 – 12 月的财务预测（forecast），这样我们就可以根据 2021 年一整年的财务报表数据，再预估下一年的预算（budget）了。

而滚动预算就是在不停地利用财务预测（forecast）来调整预算（budget）。

我们试想一下，你能准确地预测出来明年的今天，或者是明年的这个月你在做什么事情吗？不能，顶多有个大概的估计而已。一个人都很难预估第二年在做什么，更何况一个大型的企业。

而滚动预算通常以季度为单位，来缩小误差。比如，2022 年 4 月初，第一季度的预算已经执行完毕，公司立刻进行了总结，完成了业绩检讨和业绩评估。如果发现和去年制定的预算差异较大，那么第二个季度，也就是 4 – 6 月的预算就要进行相应的调整，而有些企业甚至重新对 4 – 12 月都进行了滚动调整，我们管这个过程叫重新预测（reforecast）。

当然，到底是仅仅对下一个季度的预算数据进行调整，还是对以后所有月份的预算数据都进行调整，要根据与去年制定的预算差异程度来确定。然后，滚动调整完毕后，还要经过董事会、甚至股东会的批准，是和预算的审批流程一致的，不能私下随意调整。

有的财务书里面讲到，滚动调整是指当月实际数字出来后，往后滚动调整 12 个月，在企业实际工作中我并没有看到过。因为按照这个说法的话，会有个问题，假如到了本年的 12 月做滚动调整，岂不是第二年的全年预算就已经做出来了？往后滚动调整 12 个月，对于这样的预算，各个子公司、分公司和部门的业务人员会答应吗？董事会和股东会会答应吗？

最后，强调一下财务预测和预算在财务管理中的区别。通常是预测更具有针对性，同时预测大都是短期的。预算是针对整个下一会计年度所进行的。超过一年的叫策略计划，范围可以广一点，策略计划一般是为了进行融资。

第五种，弹性预算，用于业务量差异分析。弹性预算主要适用于财务差异分析，即当预算执行结果没有达到预算指标的时候，还是应按原来预算模板的所有假设和成本动因将实际数字填入预算表中，通过对比实际数字与预算指标的差异以得知正常运营情况下所产生或取得的费用或利润水平。

　　预算对于企业业绩的提高具有非常大的作用。它不光是给企业管理者和员工定目标，更是一种业务的沟通和交流。在反复的预算磨合中，各个公司、各个部门，甚至每个员工都会明确明年的工作任务和工作计划，从而能够顺畅地将总部的业务战略下达，因而作为一个企业管理者，如何牢牢地握好预算这把尺子，学会使用这把尺子是一门必修课。

30　如何做预算

　　由于预算涉及第二年工作计划，所以对于企业发展而言，将预算做好是十分重要的。那么预算应该怎么做呢？一般情况下，业务已经发展得成熟稳定的公司，由于业务比较固定，所以其预算通常有固定模式，而处在业务急速增长阶段的创业型企业则往往由于项目的不可预见性，所以每年的预算项目差异会比较大。对于创业型企业而言，滚动预算是比较有优势的，它是一类可以使预算项目和内容随初始预算的执行而进行补充的预算模式。

　　那预算为什么又叫全面预算呢？简单地说就是全方面、全过程和全员。如果详细解释的话，我认为全面预算是指企业以发展战略为导向，在对未来经营环境预测的基础上，确定预算期内经营管理目标，逐层分解、下达于企业内部各个经济单位，并以价值形式反映企业生产经营和财务活动的计划安排。包括经营、投资等一切经济活动以及企业的人、财、物各方面与供、产、销各环节，都须纳入预算管理，形成由业务预算、投资预算、筹资预算、财务预算等一系列预算组成的相互衔接和钩稽的综合预算体系。

有不少人认为只要是企业预算都应该是由财务部门拟定的，其实这是一个误区，全面预算通常是由业务部门而非财务部门负责制定。企业内部的各部门有具体的职能分工，对于财务部门而言，在拟定全面预算时其所需要负责的预算工作主要包括：编制预算模板、对相关人员进行预算培训、收集预算数据、汇总预算数据、参与预算调整、参与预算绩效评定等，至于其中所涉及的数据则需要由业务部门进行填报。这样做的原因在于全面预算的数据会影响到各个业务部门未来的业绩考核，所以财务部门不能越俎代庖地去帮助业务部门填写。因为全面预算的总体原则是预算编制和基于预算的绩效考核缺一不可，通过二者的综合对比可以比较准确地反映企业各部门的年度任务完成情况。同时，业务人员要根据上报的预算数据来编写工作计划书（也有企业叫商业计划书）。

总而言之，在进行财务预算的过程中，财务部门是游戏规则的制定者和数据的汇总者，通过制定预算模板对每一个科目进行定义，比如交通费、差旅费的各自涵盖范围与标准等。在大的框架确定后，财务部门再将相关科目内容要求以纸质或电子文档的形式下发给分属的各个子公司或分公司，随后还应对下属部门的财务科室和各个业务科室进行培训和辅导。

在实际操作中，各个子公司、分公司和下属部门填写好预算数据后再由总部的财务部门进行汇总。汇总时主要会用到 Excel 表或 ERP，当然现在由于电算化的普及，用 ERP 做预算成为主流。用

Excel 表做预算汇总时需要注意尽量将报表中的公式用密码锁上，以确保公司的业务人员只能往模板中填数字而无法修改公式密码。

因为 Excel 表的操作很容易被操作者篡改，所以要对公式和重要的预算假设如预估毛利率、预计的产品销量等特殊内容提前设置密码锁，否则会造成汇总数据出现偏差从而影响整个预算的准确性。

介绍完了常用的预算方式后，我们可以基本总结一点：企业预算通常是由财务部门牵头制定的。当然实际操作中可能会遇到这样一个问题——财务部门在推动预算工作的时候可能并不能得到所有业务部门的有效配合。那么针对上述情况我们有没有相应的解决办法呢？

首先，我们可以考虑在大中型企业中先成立一个"预算委员会"，这个机构大致可以包括如下人员：董事长为负责人，总经理和财务负责人充当委员会成员。这样做是基于前面所提及的预算往往是以企业 3～5 年的战略作为基础的前提，所以为了企业中长期的健康发展，在做预算时应该有计划地将企业的管理者加入预算委员会。同时，董事长以及业务负责人加入委员会更便于预算的落地，没有业务负责人的支持，仅仅靠财务部门的影响力是不够的。

其次，在预算委员会下设置数个预算执行小组，这些预算小组的负责人通常由各个大区或者是子公司、分公司的总经理和财务负责人担任，其负责预算的具体落地。当然如果企业规模较小也可以考虑只成立预算小组，企业老板直接担任预算负责人，各部门负责人和财务负责人做为小组成员去落实执行预算。通过组织化运营，企业的预算可以取得比较好的执行效果。

财务负责人在具体的预算过程中往往需要全面把关，其中就包括预算过审，而在参与预算审核时需要重点关注的问题就是数据的真实性。一个合格的财务负责人应该充分了解企业的日常经营状况，所以对于某些不切实际或未有充分数据支撑的计划，其往往能直接提出否定意见。因为预算不是简单的数字游戏，对于企业而言，合格的预算数据应该是有配套的工作计划的，即通常所称的商业计划书，业务负责人在填报预算数据时不应该忽略这一要求。

这里可以简单地举一个例子。某一年年终业务会上，某个子公司的业务主管说："我们公司明年预计增加 20% 的销售额。"那么此时负责审核预算的财务负责人就应该去询问该业务主管提出这一目标的前提和实际操作的可行性，新增的 20% 的销售额目标不应该是随口而出的，要达成目标，究竟是增加了新产品还是增加了新的销售区域。如果此时该业务主管明确给出了是增加新的销售区域的答案，则财务负责人又应该顺着逻辑询问团队成员及团队负责人其他事项，如面对竞争对手的反应、我们产品的优势、竞争对手的产品优势、市场推广的模式、团队运营方式、人员配置等，若业务负责人给出符合运营逻辑的答复，则可以初步认为其提出的预算目标是有合理性的。企业管理者也通过这种层层追问的方式了解各个运营团队明年的工作计划，并对运营团队进行指导，对计划进行梳理。

31 思维角度不同，结果不同

成功者和普通人在做预算的思维会有什么不同？我们通过两个案例直观地说明。

第一个是国内某行业中领先公司的预算过审案例。这家公司的业务涉及范围广而精，其中光拓展训练一项业务的年度收入就超过 2 亿元。

有一次，我受邀参加了这家公司的预算会。当时这家公司旗下的 38 家子公司及培训中心的业务负责人和财务负责人都到北京来参加会议，预算过审便在该公司包下的酒店大会议中心进行。

大多数情况下的预算过审实际都是讨价还价的过程，通常母公司根据当年度的收支情况设定第二年度的初始销售和成本预算目标，过审时各个子公司的业务负责人会想尽一切办法以尽可能地减少收入预算并同时增加成本、费用预算。我们听到的最多的说法就是："现在市场竞争如此激烈，要想在激烈的竞争中稳中求进就有必要适当进行降价销售，销售收入总量可能会受此影响，因此是否可以适当降低收入预算？比如明年的收入可能仅达到本年度的 90% 或 85%？"或者"在现在人工成本、房租费用上涨的大背景下，成本费用是否可以适当予以增加？"

但是在这家公司的预算会上却发生了与其他公司预算会迥然不同的场景。作为该公司旗下表现最卓越的子公司——北京子公司的 CFO、CEO 在预算会上表现得十分亮眼。

预算过审伊始，公司股东便直接给北京子公司来了一个下马威，说："北京子公司明年的销售额目标是一个亿。"出乎意料的是，北京子公司的 CEO 并没有如其他大区的 CEO 一样讨价还价，而是说道："好，你不是给我定一个亿的目标吗？那我就把它当作北京子公司的及格线。北京子公司不完成一个亿，我主动辞职。"对于这番言论，股东们将信将疑。

瞅准时机后，北京子公司的 CEO 紧接着又开口："下面我们不如再谈谈一个亿以上的事吧！如果我完成 1.2 亿元，那么超额完成的 2 000 万元，总部是不是应该考虑跟北京子公司分成。我认为超额完成预算的部分应该提高分成比例，这样我才能跟我的团队成员们有个交代，至少年底可以给他们发个大红包吧。"

得到默许后，接着他继续说："既然我能超额完成收入预算，那么相应的变动成本和费用部分都应该同比增加。固定成本部分我们争取保持不变。同时，总部对我们的市场推广以前一直没有支持，我们如果能够在第一个季度就超额完成当季度的收入和利润预算的话，总部可否未来在投入市场费用时，向我们北京子公司倾斜？"然后这位 CEO 和 CFO 用了将近三个小时的时间，为股东们详细讲解了他们第二年的工作计划。虽然中间也有些不尽如人意的地方，但总体表现股东们还是认可的。

事实上，北京子公司最后确实也顺利完成了业绩。原因其实也好解释，在北京子公司的预算方案中将公司利益与团队成员的利益拧成了一股绳，所有团队成员为了大红包会铆足劲去创造更多的销售业绩。对比之下，其他地区的业务和财务负责人只想着如何降低销售预算，如何能够达到及格线，并没有为下属争取更大的利益。可想而知员工的干劲并未被激发，销售不达标也就毫不意外。

所以这个故事非常直白地体现了一个道理：普通人做普通事，成功者有可能不走寻常路。

另一个财务预算的案例是我曾经任职过的一家公司。当时我在该公司担任财务总监，有一年的 5 月公司新入职了一个博士，由于深得集团总裁的赏识，公司领导当月就安排他来做第二年的全面预算。经过四个月的努力，9 月的一天，他拿着预算模板和指导手册来到我的办公室，想请我提出建议。

当我看到他的预算资料时，顿时心里咯噔一下。这个预算做不了了。原因其实也很简单，因为他的预算资料是一本装订精美的书。这样的一本书，别说是业务人员了，恐怕连财务人员都懒得去看吧。对企业全面财务预算而言，是要全员参与其中的，由于受众分散、跨层级以及存在比较大的专业水准差距，公司无法根据博士生的这本财务预算书进行预算培训，在这种情况下数据的统一性和合理性又从何而来？所以制定预算准则时应该是越简单越好，越好理解就越容易落地。

其实无论是预算还是财务分析，它们都应该只是方便业务人员使用的一种工具。因为业务人员大部分是不懂财务的，所以在做财务预算时一定要尽量简化，通俗易懂。

32　百年私校的流程优化

在成本控制当中，生产工艺的优化往往可以产生四两拨千斤的效果。很多时候，即便只是生产工艺流程当中一个不起眼的调整，却能让整体生产效率大幅度上升，从而降低生产成本。因此，当企业已经把物料成本降到极致之后，不妨从生产工艺流程入手，进一步提升企业的竞争力。

有一次，我自己的企业做活动。活动效果很不错，订单一下子增加了很多。为了保证发货速度，当天需要我们的员工通宵加班。作为公司的股东成员之一，我也不想闲着，就到公司看看有什么能帮上忙的，和大家同甘共苦。因为公司的具体业务我一直交给核心团队管理，所以到了公司以后，具体能帮上什么忙我也不太清楚。问了我们的管理团队，他们也不太好意思给我安排活，就让我好好休息。

当时我想着，虽然具体业务我不熟悉，但是发货我总是会做的，于是我就把自己发配到了仓库。当时仓库负责发货的一共有两个人，看着他们一个人满头大汗地打印发货单，另一个人在往产品包装上贴发货单，我就问他们："你们两个人忙得过来吗？"他们摆摆手，笑着说："两个人估计够呛，不过现在不是你来了吗，三个人应该够了。"于是，我和他俩一道，在仓库里忙活了一晚上，总算把订单都发完了。

当天晚上干活的时候我就一直在想，发货流程是不是有问题，有没有可能提高流程环节的效率？做发货工作的共有三个人，他们目前做的工作本身对于公司的价值提升意义不大。能不能把人力节约出来，让他们更大限度地发挥自己的个人价值？过了一周的时间，我整理了一下思考结果，然后把发货流程改了。修改的效果非常显著，原来三个人才能干完的活，现在一个人就够了。其实总体来讲省了不只两个人，其他环节的成本也节约了。我把公司的发货系统给改了，公司库房一直在人工打单子，人工录入入库单和出库单。其实，把人工录入信息改为给商品贴二维码，扫码入库，电脑系统会自动记录商品信息，数据也可以和财务系统连接。

这时候有人会问，难道库房主管不知道商品可以用扫码入库的方法代替人工录入么？库房主管在这个公司已经工作了6年，他每天都在按照自己以前的工作方法带兵。在他的意识里，库房就应该按照他的方式来管理。那管理层不知道吗？管理层并没有下到库房第一线，他们每天只关注产品和市场。只要库房的商品盘点能对上，他们并没有过多地关心库房。

其实在企业管理中，流程冗余、效率低下是比较常见的现象。因为很多比较细节的流程都是由中层管理者制定的，中层管理者的能力就决定了流程设计是否合理有效。而一线员工大多也不会考虑这些流程是否合理、有没有更优的替代方案，对他们来说，执行就是工作的全部内容。在这种情况下，整个公司就有可能在一个非常低效的流程环境下运行。

因此，在企业寻找降低成本方案的时候，优化生产工艺流程是一个非常值得探索的方向。而在具体执行操作的时候，往往需要我们跳出常规思路，去尝试别的可能性。

有一次在英国，我看到了一所百年私校的小学生春游，他们高效取行李的场景给我留下了非常深刻的印象。一般来说，我们跟团旅游的时候，到了地点下车取行李是一个非常费劲的事情。因为大家上车的时候行李都是随意放置的，到了目的地大家为了取行李，往往乱哄哄地挤成一团，低着头在行李架翻找自己的行李。这样既不安全，同时也没有效率。

但那些小学生下车取行李的时候，却完全是另一番景象：他们排着队，依次到车前取行李，动作非常迅速，没有一点耽搁。大家猜猜他们是怎么做到的？是事先摆好了行李的顺序，还是按照座位的位置放置了行李？

都不对。

我当时当然也十分好奇，于是就跟着他们走，想看看是怎么回事。这些小学生拿完行李后，被他们的老师领到一处空地上，他们把所有的行李放到中间，然后围成一个圈，一个一个上去认领自己的行李。

原来，他们在出发前被要求每人只能带一个行李箱，到了目的地下车之后，他们也不找自己的行李，而是排好队，拿起一个离自己最近的箱子，然后带到空地上，再由每个学生认领自己的行李。这样一来，学生们就不用在车来车往的马路边乱哄哄地找行李，既保证了人身安全，同时也提高了效率。

可见，流程优化是多么重要。但在习惯性思维中，我们往往默认了下车就应该取走自己的行李，而想不到"取走最近的行李"这一选项。因此，在流程优化过程中，摆脱习惯性思维常常是出奇制胜的关键。当然，任何流程的优化都需要钻研精神，没有用心去研究自己公司的流程漏洞，就很难交出一份满意的答卷。

33　中国大厨的流程量化

量化是任何一个企业管理人员都不应该忽视的手段。没有具体的量化，也就很难有客观的评价。流程优化完成之后，还需要对具体的过程进行量化，因为只有精确明白的流程指导，才能统一生产品质，降低生产成本，同时也方便对一线执行员工的管理指导。

虽然量化是降低成本当中不可或缺的重要内容，但很多人似乎不大喜欢量化，好像定下了量化标准之后这件事就僵死了。我们讲究的是因材施教，做事要因人而异。

　　比如中西餐的区别。中国厨师在教做菜的时候，常常会强调火候的重要性，比如什么时候该用温火，什么时候该用旺火。但是什么是温火，什么是旺火，温火和旺火有什么区别，往往没有一个具体的衡量标准，全看厨师个人的把握。而且在配料的时候，厨师常常会提到放盐少许、酱油少许，但是少许是多少，同样也没有具体的衡量标准。有些师傅带徒弟的时候可能会具体一点，让你放半勺盐、一勺糖，但这里的量词同样也是模糊的，到最后依然是靠厨师的个人把握。

　　此外，中餐菜谱中可能会看到的句子比如"将鸡翅炸至两面金黄……"，可是到底炸到什么程度叫"两面金黄"？要知道不同的人对颜色的感知程度是不同的，你眼中的金黄和我眼中的金黄很可能不一样。在这种情况下，即便我全部按照你的要求操作了，最后的结果仍有可能和预期的大相径庭。

　　我们可以看看肯德基的做法。肯德基在全世界有将近 1.5 万家门店。这 1.5 万家门店当中，只要是同一款产品，无论你是在北京天安门购买，还是在纽约曼哈顿品尝，味道基本是一致的。要保证全世界的肯德基门店的同一款产品味道一致，靠"炸至两面金黄"的员工指导手册显然是不现实的。

　　肯德基的做法，首先是保证油温一致，这是可以用具体数值量化的；随后鸡块的大小、厚薄也保证统一，将这些规格一致的鸡块放到一个特制的铁架子上，将铁架子沉入热油中，放入一定的时间之后捞上来。这里的时间同样是确定的，比如一分钟或者 30 秒，不同的产品油炸时间不同，但同一款产品的炸制时间是确定的。

　　通过如此量化，就能保证无论你在全世界哪一个角落，吃到的都是相同的味道。

　　流程量化的好处在于，减少一线执行人员对流程标准的主观判定，而将具体操作严格规范化、流程化、高效化。这样一来，除了减轻一线员工的执行成本之外，对于管理层来说，管理成本也是大幅度降低的。公司高层只需要看几个具体的执行数据，就能把握一线的具体执行情况。而对于绩效评定来说，流程量化也能保证评定的公开、透明、简洁、高效。可以说，流程的量化是一个对公司执行和管理都十分有利的高效率措施。

　　在这里我们并不是说西方量化式的思维就一定更有效，而是说，我们要在实际的企业运营中学会多角度地思考问题，用正确的方式来运营企业。

34　采购成本控制

　　成本控制向来是公司运营的一件大事，而要想有效控制成本，采购就是一个不可忽视的环节。我们在讨论内部控制的时候，曾讲过我在澳洲度假村的成本控制案例。现在我们再系统地讲一下控制采购成本的工具和基本思路——ABC 分类法和成本转嫁思路。这些工具和思路的实际应用范围非常广泛，并且可以有效地解决采购成本的控制问题。

　　我们首先介绍 ABC 分类法。所谓 ABC 分类法，就是将需要采购的物料根据价值、品种以及采购金额的高低分成 A、B、C 三类。

　　其中 A 类物料是所有需采购物料中价值最高、品种占比却是最低的。虽然采购金额占总物料采购金额的 70% 左右，但通常你会发现其种类却约占总物料种类的 10% 左右。简单来说，A 类物料是总物料中最基础、最核心的存在，应该重点管理控制。在具体实施的过程中，应依照生产方式以及生产流程来具体制定物料的需求计划，将 A 类物料的库存压到最低水平。同时按照需求随时进行采购，随需随买。但是也要实时关注 A 类物料的价格变动，如果未来有价格上涨的趋势，也需随时改变思路，随机应变。

B 类物料就是价格较高、种类较少的物料，其种类约占总物料种类的 20% 左右，采购金额占比也相对较少，占总采购金额的 20% 左右，需要次重点管理，但也需要根据生产方式以及生产流程灵活地制定物料需求采购的计划。和 A 类物料相比，B 类物料的库存在一定范围内可严可松，但是也应注意不要一次性囤积太多，最好做到多频次购买。

C 类物料就是价值较低、种类最多的物料，其种类约占总物料种类的 70%，但采购金额一般只占总物料的 10% 左右。此类物料用常规的方法进行管理控制即可，应尽量地减少购买频次。

实际上，采购 ABC 分类法就是运用了我们之前讲过的财务重要思路——重要性原则。即根据物料的重要性来分层次管理，既把握好重点又能在管理过程以及控制采购成本的过程中做到松弛有度，且行之有效。

企业家和财务负责人应重点关注 A 类物料的采购成本和采购频次，做好物料成本、人力成本以及仓储成本各个要素之间的平衡规划，达到成功控制采购成本的目的。针对 B 类物料和 C 类物料，业务负责人和财务负责人可以相对放权，在制定好采购价格和采购频次之后由中层管理者进行控制。最后，无须过多地在 C 类物料的成本控制上花费太多时间和精力。这样既能精准有效地控制了采购成本，又能在具体实施中提高效率，调度有序。

除了 ABC 分类法外，个性化采购也是控制采购成本的一大利器。所谓个性化采购，简而言之就是在一些特殊时期或者特殊情况下，把生产环节中的某一部分成本转嫁给供应商。转嫁成本以及对转嫁成本的风险控制也是重要的财务手段之一。

举个例子，在加工和生产过程中，可能会临时需要带孔的木棍。如果我采购完木棍之后自己加工，就是费时费力不划算的做法。但假如采用转嫁成本的思路，我们就可以直接采购带孔的木棍，将钻孔这一步骤的成本和风险转嫁给供应商。但这么做的前提是，我需要大批量地采购，并且钻孔这一步骤的加工成本不高。否则企业很难在供应商那里得到划算的购买价格，无形中也会增加成本。这个过程就是个性化采购，也叫特殊采购。

事实上，这种成本转嫁思路可以应用到很多成本环节和行业当中，例如电商行业中常遇到的物流成本控制问题。

很多大电商在"双十一""618"这样的大型购物折扣节日期间，会遇到订单激增的情况，发货数量可能是平时的几倍甚至是几十倍，这时候电商公司自己的发货人员根本不够用。如果单纯为了应对购物折扣节日而扩招员工，那在非节日订单少的时候就会浪费人力成本。如果企业紧急招聘临时工，又会出现新人业务不熟练，需要培训才能上岗的情况。即使上岗了，还有可能发生临时工的职业道德不过关，导致货物损毁甚至货物被盗等负面情况，那样就更加得不偿失了。

　　这时候怎么办？其实很简单，采用转嫁成本思路的话，就可以让快递公司派员工来免费发货。但是快递公司凭什么免费这么做？

　　从快递公司的角度出发，大电商就是它的大客户，客户就是上帝，它巴不得与电商有着更加紧密的联系。如果包货、发货这些流程都由快递公司的员工来完成，那接下来的运输也肯定会交给这家快递公司，并且未来还可以进行更加长期和深度的合作。

　　而对于电商公司来说，这么做很简单地就解决了人手不足的问题，得到了快递公司提供的免费劳动力，并且这些包货人员还是熟练工。和自己临时招聘的员工相比，还不用培训，可以节省大量的时间成本，此外，客户也能够更早地收到包裹，有助于提高自己的服务质量。无论是对快递公司还是电商公司而言，这一系列的合作都是有利的。也正因为如此，现在很多的大电商都采取了这一流程模式，将物流的人力成本转嫁给快递公司。

　　应该说，ABC 分类法和成本转嫁思路都是企业在长久的成本控制实践中摸索出来的有效方法，对于那些采购成本居高不下的企业而言，具有一定的参考价值。

第 8 章

其实你不懂节约

35　"朱小妹"是很重要的

大部分企业管理者都知道要控制人工成本，但是为什么要控制人工成本？怎样控制人工成本，是不是工资越低越好？这些问题只有少数资深管理者清楚。

在系统地介绍人工成本的时候，我们先展示一些企业管理小技巧。

第一，企业盈利了，与其给员工每月涨100元的工资，不如在年底给他发一个3 000元的红包，为什么？

首先，给员工每个月涨100元的工资，很难起到激励作用，有的员工甚至会感到委屈。因为他觉得自己都这么努力了，每个月就只涨100元的工资，这样不如年底多发一些奖金，发一个3 000元的红包，员工的感受更好些。

其实还有一个原因是，如果企业每月给他涨了100元的工资，那么只要这个员工不离职，这就变成了企业的固定成本。因为工资涨上去之后是很难降下来的，要是第二年企业效益不好，想给员工降薪50元都不太可能，甚至降10元钱员工都不会同意，他可能会离职。

这就是很多中小民营企业，随着企业的成长，成本支出从一只瘦小的小驴子，逐渐变成了一只大象的原因，如果老板只知道一味地给员工涨工资，增加固定成本，那么固定成本涨上去就降不下来。一旦企业业绩下滑，企业可能会被固定成本压垮。

　　还是同样的例子，如果企业去年年底给员工发了 3 000 元钱红包，今年由于新冠肺炎疫情的冲击企业效益不好，就可以和员工商量，因为效益不好，今年年底可能没有红包了。在这种情况下，员工们通常都会很理解企业的处境，大家可以一起同舟共济。在这里，红包就是弹性成本。

　　所以，企业在运营中可以加大弹性成本，而不能加大固定成本。要低工资高绩效，因为绩效是弹性的，奖金也是弹性的。高绩效的核心原则就是盈利了，要懂得拿出更多的利益与员工们分享，这样做的好处是假如企业亏损了，员工们也会和企业同舟共济。挣钱了是团队的功劳，并不是老板一个人的功劳，要学会和员工分享果实。当然，招聘进来的员工也要是有责任心、有职业道德的员工。

　　第二，在企业经营中，尤其是对于中小企业而言，基础型员工岗位，尽量做到一个萝卜一个坑，或者一个萝卜两个坑。最好不要两个萝卜占一个坑。

　　因为增加一个员工所增加的成本远高于给他的工资本身。假如我们新增了一名员工，给他的工资是一万元每个月，那么成本要增加两三万元。这个增加的成本里有社保成本，有办公位成本，有新人培训成本。而有的员工还需要有电脑，培训费、交通费、通信费等，这些都会随之增加。除此之外，管理成本也跟着增加。比如，每 5 个员工需要有一个主管来负责，那么 10 个员工就要配备两个主管。现在多招了 10 个人，就需要同时增加两个主管了。人员变多了，主管也要同时增加。管理成本增加还不算，管理难度也会加大，因为人员多了就容易出现人浮于事的问题。有的人工作量不饱和，有的人又过于饱和，员工觉得不公平。诸如此类的一系列问题就出现了。但如果采用一个萝卜一个坑的策略，就不会出现以上问题。

公司人员越多，越容易出现员工工作量不饱和的现象。一旦工作量不饱和，就会出现人浮于事，办公室斗争加剧的问题。所以，压缩人员也是企业控制成本和提高工作效率的重要环节之一。

不过个人建议，凡是涉及产品核心价值的关键岗位还是有必要留一名备份员工。因为在关键的岗位上，如果只有一个人独揽大权，掌握关键价值，那么公司未来发展的风险就太大了。这也是很多餐厅老板通常自己就是大厨的原因。他可以教别人做饭，但如果那个人离职了，他自己就必须有能力接任岗位，且不会导致餐厅的饭菜口味有巨大变化，避免产生大的损失。

接下来，我们阐述一下控制人工成本的具体方法。

先讲一个小故事。亨利·福特是福特汽车公司的创始人，有一次他去会议室准备和客户会谈，却发现桌子上放着的都是大杯子，每个杯子里面都只装了半杯水。他就问他的高管，为什么我们会议室里面都是用大杯子倒了半杯水。他的高管跟他说，对不起，我们这次杯子买大了，如果倒了满杯，客人就喝不完，因此只倒了半杯。福特不太满意，要求务必换成小杯，然后倒满水。因为大杯子倒半杯水，本身就是浪费资源的体现。

引申这个故事的意义。公司不一定要招聘大学本科毕业的人员，在某些基础岗位上，招聘高中或者中专学历的人就可以了。因为即便招了一个大学生，他面对一个小微民营企业，做的工作又很基础，基本上都是很快辞职。即使企业为了留住他，给他满意的薪酬，企业的利润也很难够承担多个岗位太高的人力成本。

但是招一个高中生或者中专生就不会出现这种尴尬的情况。因为只要给他高于市场的工资，他就会更珍惜这个工作机会，发挥出他的工作热情。在基础岗位上，态度比学历更重要。因此，企业要招聘合适的人到合适的岗位，而不是尽可能地招聘贵的人才。

合适就能胜任工作。其实，对于一个公司来讲，人才、庸才可能都是需要的。假如一个公司都是人才，就容易出现人才相轻，内部竞争激烈，员工们各立山头等问题。就好比《西游记》四人组里，如果有两个孙悟空，那么他们一开始就很难顺利出发。

公司要有庸才，因为庸才知道自己的本事有限，能心甘情愿地打理无聊、琐碎的后勤保障细节。他虽然没什么大的才干，但是能够勤勤恳恳地把基础的事情料理得很好，所以这也是公司很需要的人。

举个例子，我有个朋友在公司起步之初，招聘了一个姓朱的小姑娘，公司的同事都称呼她"朱小妹"，这个称呼还有些许嘲讽的意思。因为她做事情总会出纰漏，永远都在出错。不过，考虑到她是第一个被招聘进来的员工，当时公司很小，这个女孩子总在公司工作到很晚，任劳任怨的，虽然经常出错，但是改错态度还是很端正的，所以老板还是把她留了下来。后来，这个公司的一个高管自立门户，带走了公司的团队，但"朱小妹"还是一个人留在了公司。老板很奇怪，就问她为什么没有和其他人一起另起炉灶。

"朱小妹"说，她对公司有感情，不会走的。况且，大家都觉得她老是闯祸，也没有人愿意带她走。

后来，公司再次发展壮大了。"朱小妹"依然是个连组长都没有当上的普通小兵，因为公司都是按照绩效考核升职的，"朱小妹"的绩效总是不过关。按理说，这样的员工是不该被留下来的，但当朋友问我建议时，我还是建议把"朱小妹"留下来。因为首先她是个忠诚员工，还挺努力的。没有用好她，可能是岗位不合适，不是员工自身的问题。天生我材必有用，把她安排在合适的位置上，是可以大放光彩的。朋友听完和我开玩笑，说我们打个赌，这个人真的没法用。于是我去了他的公司，找到人力资源部，用半天的时间了解基本情况，很快就发现公司里面还真的有个岗位很合适"朱小妹"，那就是售后客服。

这个公司的人力资源部一直为招不到售后客服而头疼。因为售后客服每天的工作就是接待客人的投诉，精神压力很大，尤其是负责任的人，精神压力更大，而且这个岗位的工资水平没什么吸引力。所以他们售后客服的岗位流动性特别大。于是，我建议把"朱小妹"派去做售后客服。过了段时间，朋友找到我表示感谢，说他输得心服口服。因为"朱小妹"的到来，公司售后客服的好评率迅速上升，而且"朱小妹"也很开心，觉得找到了适合自己的位置，很有成就感，现在"朱小妹"已经是客服主管了。

其实，我建议让她去做售后客服有一个重要原因。"朱小妹"在公司工作十几年了，虽然总因为出错被嘲讽，可她依然每天都是乐呵呵的，说明她的抗压能力很强。这可不是一般人能做到的，这不就是售后客服的最佳人选吗？别人无论怎么骂她，她都不在意。她知道如何应对这些负能量，很会和人聊天，甚至到最后很多客户和她成了朋友。

　　善用每个员工，而不是一味地追求人才，就能够很大程度上节省人工成本。

　　当然，在学会善用员工的同时，还要学会利用规则、流程和制度来去掉企业的人格化。所谓铁打的营盘流水的兵，要想办法让企业的人才流动起来。真正的管理高手是那个能制定一套行之有效的管理流程体系的人，而不是能把下属都管得服服帖帖的人。

　　我曾经面试过一位干练的女士，逻辑思维能力很不错，也曾在其他企业担任过中层管理者。我个人很欣赏她，就让她入职了。她转正的那天和我说："领导，我希望转正以后，你能直接将签字和决定的权力都下放给我。"

　　刚开始听到这个要求时我还挺开心的，因为这说明她很有野心。于是我问了她一个问题："如果我把权力都下放给你，你准备怎么干？要搭建什么样的管理流程体系？"她摇摇头，表示不会从管理流程体系入手，因为她认为自己判断能力很强，每件事情她都会事必躬亲地去处理。

　　考虑许久后，我还是没有让她转正。因为一个公司要发展应该依靠的是团队的力量，通过管理流程体系进行管理，而不是让某个人独掌大权。想想看，如果这位女高管干得很好，但又不搭建管理流程体系，公司就会离不开她，一旦她离职，别人如何接手？公司会在她离职这件事上很被动。但如果她干得不好，又一个人独揽大权，别人就无法监督她，难以发现她的错误，很容易出现贪污舞弊的现象。

　　因此，建立一套合适的管理流程体系，而不是让某个管理人员去管理，才能够减少管理的人工成本，从而达到全面控制人工成本的目的。

总的来说，想要控制人工成本，可以考虑从以下四个方面入手。

一是减少固定成本，增加弹性成本，低工资高绩效。

二是一人一岗，或者一人多岗，高绩效，少员工。给到员工更有效的激励。

三是善用每一位在职员工，发现员工的特点。

四是建立完善的管理流程体系，减少管理成本。

当然，具体问题具体分析，每个管理者都要根据企业的实际经营状况和当前的发展阶段来选择合适的策略，切忌生搬硬套，照猫画虎。

36 退租吗

我在工作中碰到过这样一个案例，公司在郊区有两个库房，有一年公司销售业绩下降，其中一个库房基本上空置了。这时公司的行政主管和库房主管找到我，问我是否应该退租这个多余的库房，我当时先表扬了他们的财务思维，毕竟他们很有以成本为中心的节约意识，但是我不同意退租，因为我有更好的方案，那就是转租出去。

当时行政部经理第一个表示反对，他说："齐总，我认为这样不妥。因为首先，园区是禁止租户做二房东转租的。第二，有谁会租咱们这个郊区的破库房啊。"然后，我就和他开玩笑说："那我跟你对赌一下好不好？如果我把这个库房转租出去了，就等于我干了你应该干的活，你把这个月的工资给我一半，行不行？"行政主管笑着答应了，结果两个星期以后，我就把那个闲置库房租出去了，还挣了不少钱。世界上其实没有什么困难解决不了，只要你找到合适的对策。

我能转租成功的原因主要有两个。首先，园区其实是同意的。因为如果我们退租，他们也要自己再招租，一样花费成本，同时还很麻烦。而我们需要做的只是再给园区一些利益分成就行了。这样园区不但没有了麻烦，还能在原来的房租基础上增加收益。其次，我们把库房租给了别人做摄影棚，它需要一个大的空间，对挑高也有要求，仓库正好合适。最终，摄影棚的老板直接投入 300 万元用于装修我们公司的这个库房，而且几年都不会退租。每一年我们公司都因为这个转租的库房，税后多挣 50 万元租金。

这就是盘活存量的实际应用了。有的时候，换个思路就能把原来的麻烦事变成别人想不到的收益，把烫手的山芋变成香饽饽。多走一步，多想一点，就能比别人多赚一点。

其实，优步和滴滴出行用的也是盘活资产的思路。优步和滴滴出行并没有生产新的汽车，它们仅仅是提高了原有私家车的使用效率。而共享单车就不是这样，因为它们所使用的自行车都是新生产出来的，之后再投入市场用于运营，并非盘活已有资产。

在具体实践中，盘活存量是一个非常重要的思路，做得好了，往往能给公司带来意想不到的收入。传统的思维模式下，将不需要的房子退租是十分正常且常用的做法。但是能想到把它转租出去就是出奇制胜了。退租是节约成本，而转租就是盘活资产了。在企业经营管理中，放在库房里的资源是不能创造价值的，只有流通起来的资源才能带来财富，带来利益。

37　把节约落实在办公位上

我们所处的这个世界上总是普通人多，而成功者少。为什么？因为大部分人都只是按照这个社会的固定模式在行动，不管是对是错，别人是这么说的、这么做的，我就也去这么说、这么做。比如，谁说公司的办公家具一定要买新的？机器设备都要买新的？

日本的"经营之神"稻盛和夫曾经写过一本书《经营与会计》，书中就提到过，他在创立京瓷的时候，由于资金短缺，他们的办公家具就都买了二手的。他还对工程师们说，除非必要，否则机器设备一律买二手的，买回来可以再做进一步的改造和升级。正是在这样的思想指导下，京瓷慢慢做大了。

初创型企业或者资金不够充裕的企业，一定要将成本节约的意识深入人心，毕竟，生存才是第一要务。

此外，很多人没有想到，对于某些公司来说，办公位的成本节约同样重要。现在一线大城市的房租都不便宜，我的公司高管就没有独立办公室。公司也不一定都需要处在市中心的繁华地带，如果你的公司既不是广告公司，又不是咨询公司这类需要高档写字楼和人口流动频繁的地理位置的公司，那就只要交通便利就可以了。

就连普华永道这样的会计师事务所，都会在意办公位成本。众所周知，普华永道办公地点都是在市中心的豪华写字楼里，这也就意味着他们的房租成本支出很大。但是他们有自己的节约成本的方式。我在普华永道工作期间，就发现了它提高办公位使用效率的妙招。要知道，审计人员经常出差，工作的流动性大，如果按照人头计算租赁面积，就会出现平时大部分办公位都空置的现象，这是一种成本浪费。

普华永道会计师事务所（北京分所）在 1999 年是怎么解决这个问题的？它把办公室变成了酒店，把办公室管理做成酒店式管理，每一个办公位就相当于一个客房。假如说审计员知道自己要出差了，就要提前一周给前台发一封邮件，告知前台周一他要出差，这样在周五的时候他就要办理退房（check out）。因为周六、周日在家里不上班，审计员在周五下班的时候，把自己的员工卡交到前台，前台会马上打电话叫一个保洁人员来，把审计人员原来所在的办公位上的所有私人用品，全都收到一个铁箱子里面，加上密码锁，推走放到一个专门的地方。这样原来的办公位就被清空了，同时通知 IT 部门将电话分机还有网线全都掐断，这样办公位就完全空置了。如果有其他审计人员从审计现场回到办公室，就可以直接使用这个空置办公位了。

当这个出差的审计人员计划回到办公室时，也要提前一周给前台发一封邮件，告知回来的时间。回来之后，前台会将工牌归还给他，同时叫来保洁人员，将他的私人物品放到指定的空办公位上。这个过程耗时也就 2 分钟。当他坐在办公位上的时候，IT 部门已经把分机号和网络全部接通，前后总共用时不会超过 5 分钟。普华永道会计师事务所对办公室实施酒店式管理虽然是很早的事情了，但是，依然对现在各企业节约办公位成本很有借鉴意义。

其实不管公司大小，节约成本这件事情，都是个大事情。普华永道会计师事务所这样的公司尚且如此，处于起步阶段的小企业更应该注意节约和控制办公成本。

38　一元费用率的可行性

很多培训师都在讲一元费用率的案例，什么是一元费用率？就是假设我们企业都有一元钱收入，然后看费用占收入的百分比是多少，例如会议费占 1 元收入的 11%，那你的会议费就只能花一角钱。第二年老板要求下属把会议费控制在 6% 以下，以降低费用。同理，把所有的费用明细都和 1 元收入进行比较，看看占比情况。

一元费用率，意味着每一元钱收入应该产生多少费用，然后以此来控制费用，在我看来一元费用率用处不大，为什么？在费用控制上应该是核算到哪儿？到部门。到人。没有责任人，怎么控制费用？会议费明年降到 6% 以下，你没落实到部门、没落实到人，怎么降呢？这样给出的指标只能是空中楼阁，不落地。所有落地的必须划分责任到部门，责任到人，费用管控也一样。

如果能够划分责任到部门，责任到人是要基于良好的会计核算的。会计核算要先核算到部门，最好还能核算到人。如果小规模的企业可能做不到核算得那么精准，就先核算到部门。因为部门都有领导负责，老板可以将费用削减的指标给到部门领导就可以了。

39　资金成本也是成本

控制资金成本是企业提高经济效益的关键之一。新冠肺炎疫情期间，越来越多的人体会到了资金充裕的重要性。如果公司缺钱了，那么就到了股东往企业里输血的时候了。此时，股东是应该通过增加公司的实收资本金的方式给企业投资，还是用借款的方式将资金给到公司？

客观地评价，借款给公司略胜一筹。

股东借款给公司，无非面临着两个结果——公司盈利了或者公司继续亏损，破产。

就公司盈利这一结果来说。要是股东之前选择的是增加实收资本金的方法，此时若想把钱拿回来，就要先分红。首先缴纳企业所得税25%，然后分红再缴纳20%的个人所得税，这样计算综合税率在40%[⊖]。如果股东之前选择的是借给公司资金的方式，就可以无须缴纳税金直接拿回资金。当然也可以选择不拿回来，并向公司收取一定的借款利息，每年向公司收取利息收入，即便是利息收入缴税，也只用缴纳20%的个人所得税税金。股东收到这部分利息收入，还可以开票作为公司的成本，在税前抵扣（有两点需要注意：第一，贷款利率不超过银行同期同类利率；第二，贷款金额建议不超过注册资本的2倍。借款利息可以在企业所得税前扣除，否则不得在企业所得税前扣除）。这样税金成本低于40%。由此观之，通过借款的方式给公司资金比增加公司的实收资本金的方式更节税。

再说说另一结果——企业继续经营不善，最终破产。要是股东之前选择的是增加注册资本金的方式，此时想要点清账目，需先成立清算小组，把清算费用准备出来；然后，计算给员工的工资、社保和赔偿；接着是税费还有银行的贷款。这些费用支付完以后，还要清算赔

　　⊖　$25\% + (75\% \times 20\%) = 25\% + 15\% = 40\%$

偿债权人的钱（供应商等），最后才是股东拿钱。然而股东极大可能到最后一分钱都拿不到，为什么？因为破产就是公司已经资不抵债了，所以分完了这些负债，股东肯定拿不到钱。但是如果股东是以借款的方式给公司投资的，那么股东也是债权人之一，就可以和其他的债权人一样，按比例拿到一定的还款，至少不会血本无归。

此外，不得不提醒大家的是，作为股东，如果借款给公司，一定要保留好借款的凭据。比如，借款协议必须双方都盖章签字，股东的汇款凭据需要好好保存，公司收到款项后也要给股东开具收据，股东要把汇款凭据和收据等证据保留下来，证明确实给公司借过款，以确保在收款时有足够正规的表明债权债务关系的书面凭证或者电子凭证，以防止未来出现任何法律纠纷。

40　收支两条线是什么

收支两条线是连锁企业、集团公司经常使用的一种资金控制方法。具体操作方法是：首先，母公司或者是总部要求下属子、分公司或者连锁的门店，必须在指定的同一家银行开户。一般会指定农业银行、建设银行或者工商银行中的一家。因为这几家银行网点多，各个子分公司或者连锁店办起业务来比较方便。然后，将子公司收入与支出的账户分开，收入的账户不能取钱，支出的账户中，母公司会根据预算每月或者每季度给它拨付所需的运营资金，这就是收支两条线。

我们可以用一个例子具体地理解这个方法。假设有一个集团公司，母公司要求所有的子公司都只能在农业银行开户，并且只能开立两个账户，一个是基本账户，另一个是一般账户。这两者的区别在于，基本账户可以取现金，而一般账户只能转账；这两个账户中，一般账户就会作为下属公司的收入账户，对外的合同收款都会写明这个账户。当收入转到其中时，下属公司是不能直接取现的，因为一般账户不能取现。这个收入每日会被母公司划走。母公司会将下属公司的收入账号提供给银行，每天进行资金归集。银行通过自己的内部系统按时将这些资金划转到总部指定的归集账号中。

每天的收入都上交了，如果子公司需要用钱，再由母公司根据资金预算每月或者每季度拨付其所需的运营资金。因此，下属公司只能根据预算花钱，一旦超过预算，就只能重新向母公司打报告，进行超预算费用审批，整个流程还是比较烦琐的。因此，在这套管理制度下，子公司自然而然会节约用钱。这是收支两条线比较明显的一个优点。

那么，母公司每天进行的资金归集是什么意思？简单来说，就是母公司与银行约定一个时间，比如15：30，将各个子公司收入账号中的资金归集到总部指定的一个账户里，子公司不需要派出纳去汇款，而是由银行系统自动划拨调转上来。这样可以避免子公司坐支资金，所有的资金可以统一管理，更加安全。

那么，为什么要将资金归集的时间设定为15：30，而不是15：45或者16：00？这其实是一个比较细节的问题，涉及公司的理财收益。一般来说，公司总部还会在银行开立一个理财账号。当15：30所有的资金归集上来以后，如果资金量比较大，那么可以再让银行在15：45的时候，将资金自动划拨到理财账户中，做隔夜理财。虽然只是隔夜理财，但只要资金量足够大，依然能够给公司带来可观的收益。第二天早上9点，银行会自动再把你的资金从隔夜理财账户中拨付回公司账号。隔夜理财的利率比活期存款利率高，作为公司的财务管理人员，不能老是让资金趴在银行里吃存款利息，赚取更多利润才是硬道理。

这就是比较基础的收支两条线资金管理方式，在此基础上再升级的版本就是财务共享中心。

家乐福的财务共享中心概念是这样的：家乐福的供应商发货给门店，门店不需要付钱，只需要把收货凭证和合同给到财务中心，再由财务中心和供应商通过 E-mail 进行发票核对，确认无误后，由财务中心直接付款给供应商即可。此外，门店的员工工资也由财务中心支付，门店只需要留下一些备用金就可以了。相比于传统的收支两条线，这种模式的资金管理中心化程度更高，也更安全一些。

现在很多集团公司都在使用财务共享中心，比如 IBM、华为等。要采用财务共享中心的资金管理方式，首先要进行统一记账核算，也就是让各个子公司的会计核算由财务共享中心负责。其次就是更进一步，让所有的公司资金都由财务共享中心负责，甚至包括差旅费用报销。那么在这种情况下，子公司还需要财务管理人员吗？还是需要的。但是财务管理人员已经转型，变为业务人员的合作伙伴了。这时候各个下属公司的财务总监职责主要包括：①合同谈判（如果是非标准合同的谈判，需要报请财务共享中心的人员下现场共同协作）；②资金需求申报，以及资金需求与资金实际支出的差异分析；③绩效考核数据；④预算执行情况；⑤产品定价，等等。

不论是传统的收支两条线还是现在的财务共享中心，都是连锁企业或者集团公司使用的资金控制方法，其目的主要是为了资金统一管理，避免子公司坐支资金，同时节约开支。对于广大的企业财务人员来讲，还是有较高的参考价值的。

 ## 资金链快要断裂了怎么办

众所周知，资金链是关乎企业生存的命脉，可谓是重中之重，所以一旦企业出现资金链断裂的风险，对于企业来讲可能就是灭顶之灾。

我有一个朋友，原先很有钱，最风光的时候曾在高档小区买了整整一层楼作为居所。但不幸的是，后来他因为投资了一个新项目陷入窘境，艰难经营到第五六年的时候，因为资金的入不敷出，濒临破产。为此，当初购买的一层楼他也不得不卖掉变现，全家人只能在外租房住，勉强维持生计。

针对我朋友当时面临的窘迫局面，很多人或许会认为他应该想方设法及时融资，以弥补资金链上的缺口，从而缓解危机。但事实上，这样的想法有点类似于病急乱投医。

试想，如果我的朋友不找到问题的根源，不弄明白危机的根本原因在哪里，而只是一味地盲目借款融资，那么钱借得越多，资金缺口就会越大，如果借来的钱又无法从根源上解决危机，只会令企业的处境更加艰难，他自己最后也可能因为无力偿还而沦为"老赖"。

所以，融资借贷虽说是挽救资金链断裂的最佳方法，但在具体操作中，首先要做的应该是对企业的现状进行全盘冷静的分析，最主要的就是要先看自己的产品在市场上是否有竞争力。

　　当时这个朋友找到我，希望我能够助他一臂之力，帮助他解燃眉之急。在对他的公司及产品做了一系列调研后，我发现，他的公司是行业的龙头老大，拥有很多自主研发的产品专利，客户也都是优质客户，甚至还有很多高端客户，也就是说，他公司的产品和客户在日后可以保障他的借款回笼，不用担心无法还贷。这之后，我们也调查出了他的资金出现问题的三个原因：一是前期研发费用支出过多；二是竞争对手恶意打压销售价格，导致市场竞争环境恶劣。三是，产品不能高频次复购。当大家都在很低的毛利区间挣扎着挣钱的时候，他的公司还承担着高昂的研发费用，产品又不属于低值易耗品。自然难以在短期内实现盈利，最终只能眼睁睁看着资金链断裂，公司濒临破产。

　　在确认他的产品竞争力后，我给他提供了一部分资金，填补了他资金链的缺口。同时和他共同确定了新的销售政策。如果客户能够多支付预付款，会给予一定的优惠和福利。产品上，开发了新的能够高频购买的易耗产品，作为他主产品的配套。对供应商方面，通过沟通延长了付款账期。当然，客户和供应商之所以能够支持你，前提只有两个字，那就是"产品"。

　　渡过难关之后，他的公司发展得蒸蒸日上。这也从侧面印证了一个道理：只要你的产品优质，有足够的核心竞争力，那么你的员工，你的客户，你的供应商，就不会愿意看着你的公司倒闭。毕竟员工不想离开可以让他大展拳脚的行业头部平台，客户不希望错过优质的产品，而供应商也不愿意自己的大客户破产，搬走公司那些不值钱的桌椅和电脑抵债，这并非他们的最终目的。既然继续经营公司，生产优质产品是众人心之所向，那么公司就一定能破而后立，涅槃重生。

所以，手握有核心竞争力且性价比高的产品，是企业融资的前提及必要条件。如果没有这个前提，融资越多，也只能是加速企业的死亡，无济于事。产品优质，就可以先向客户预收货款，或者通过为客户提供折扣的方式让客户多囤些货，补救资金缺口；产品优质，就拥有了与供应商商谈延期付款，或者债转股的筹码；产品优质，还可以鼓励员工入股注资，年末分红。之后在资金不那么紧张的时候，还可以再跟银行商谈延期还款或者利息额度让步等事宜。

我朋友的公司最终存活了下来，并且如今成了名副其实的行业龙头老大。他的公司目前每年的净利润在 500 万 ~ 600 万元，未来甚至还可能要突破千万元。这些都是因为在资金链空缺短暂弥补后，凭借着产品的核心竞争力胜出，而那些恶意竞争的对手由于长期低价销售，大多濒临破产。永远记住一点，恶意竞争是短期的，只有真正生产优质产品的企业才能笑到最后，并且逐步发展为行业领军者。

42 有些东西不能省

在产品经营当中，节约成本是非常重要的，但应避免"一刀切"，要有选择性地降低成本。在产品市场中，企业的核心竞争力在于产品的性价比，因此涉及产品核心价值的成本是必要的，不能随意降低。

比如，对于一家餐厅来说，餐厅的装修和服务是辅助性的因素，属于产品附加值，是锦上添花。一家餐厅的核心价值在于食物的口味。试想，如果餐厅的服务到位、装修豪华，但是菜品口味很差，那么恐怕顾客也不会选择去这家餐厅。

曾经有一家老北京餐厅很有名气。2005 年左右，我所在集团的全球投资总裁来到北京，打电话点名要去这家餐厅吃饭，当时我并不了解这家餐厅，就叫秘书去订位。半个小时后，秘书垂头丧气地回来了。我才知道，原来他不仅没有订到位置，还被餐厅怼了。我很惊讶，什么样的餐厅还会怼人。

于是我自己打电话给餐厅。电话接通后，我客气地询问是否可以预订位置，但对方的语气并不客气，说近一个月内都没有位置了，之后便直接挂断了电话。我锲而不舍地再次打过去，询问何时才能有空位，但对方的语气依旧很不耐烦，告知我三个月内都没有位置，又一次"啪"地挂断了电话，显得颇有些目中无人。

后来我才得知，这家餐厅老板的祖上是慈禧太后的御厨，餐厅地点就在他们自家的四合院里。餐厅很有特点，院子里只有三张桌子，没有菜单，客人的食物只能与主人家的一样，不能单独点菜，而不论是两桌人还是三桌人，吃的都是一样的。餐厅的营业时间也颇为"任性"，下午两点之后不营业，因为要关门午休，晚上八点之后也会闭门谢客，因为睡觉时间到了。这样的服务相对于正常的服务标准来说是很"差"的，但奇怪的是，食客们依旧对它趋之若鹜，甚至现在他们还开了多家连锁店。

由此可见，如果一家餐厅在口味这一核心价值上做到很好，即使装修、服务等附加值很低，也同样会很有市场。

因此，企业在降低成本的时候，应该先要明确产品的核心价值和企业的核心价值所在。

第 9 章

基于财务与税务管理
目标合理搭建公司结构

43 孤岛式公司的弊端

公司结构和股权结构是一个公司正常治理和运行的基础，不同性质的结构最终带来的结果也不同，只有把基础打好，结果才会更好。

以大家平时开公司的具体做法为例，假设你和公司高管们合伙开设了一个食品公司 A，如果盈利都已经转化成了现金盈利，这家公司最终盈利 2 000 万元。在这之后，你又和你的父亲和兄弟合伙开了一个食品公司 B，最终亏损 100 万元。最后，你和你的兄弟，再加上高管又合伙开了一个饮料公司 C，运营了三年，达到盈亏平衡点。如图 9 - 1 所示。

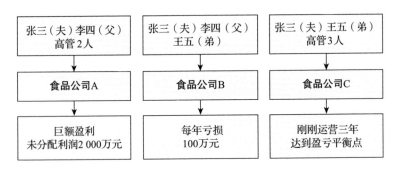

图 9 - 1　公司结构图

年终岁尾在进行财务汇算清缴时，你就会发现这样的公司结构有很大的弊端。

第一个弊端，你的税交多了，第一家公司要交 2 000 万元的 25% 作为企业所得税，也就是企业所得税 500 万元。B 公司，因为亏损你不用交税。C 公司是盈亏平衡，不用交税。

但整体来看，其实你交多了税。应该怎么交？应该就 1 900 万元（2 000 万元 – 100 万元）交企业所得税。

为什么呢？因为你的 B 公司亏损 100 万元，你所有的盈利扣除所有的亏损以后，才是你实际应纳税的金额。也就是说你如果按 2 000 万元交税，你就交多了。但以目前的公司结构，你也只能这样纳税。因为每个公司都是一个孤岛。

第二个弊端，还是这个案例，如果夫妻俩想要成立第四家公司，而个人银行卡里没有闲置资金，只能把未分配利润先分红，他们要先交 25% 的企业所得税，再分红，交一个 20% 的个人所得税。

$$2\,000\ 万元 \times 25\% = 500\ 万元$$

$$(2\,000\ 万元 - 500\ 万元) \times 20\% = 300\ 万元$$

$$(300\ 万元 + 500\ 万元) / 2\,000\ 万元 \times 100\% = 40\%$$

这样计算下来，综合税率 40%，交完税，剩下的资金你才能拿出来用于投资，或者是自用，这样一来 40% 的资金成本都没了。

资金总量一下子变小了，只能拿出 60% 的钱投资第四家公司。所以这样的结构导致公司没有资金通道，三个公司相当于三个孤岛，或者是七个孤岛，或者是十几个孤岛。

第三个弊端，老板的财富没有"防火墙"和"隔离带"，因为老板是以自然人的身份开公司，作为主要的股东，一旦老板本人上了黑名单，其他的所有公司都会受到影响。

　　第四个弊端，不利于投资并购。每个公司都是孤岛，股权交叉（见图9-2）。如果有一家股权投资基金想要购买你名下的公司，就要一个公司一个公司地买，一个股东一个股东地谈。所以，这样的公司结构也不易于进行资本运作。

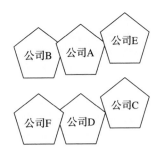

图9-2　孤岛式公司

　　第五个弊端，如果你需要跨行业经营，或者开连锁店，就需要开几十家公司。这么多家公司，都要用自己做自然人来注册。

　　总的来说，让自己名下的公司成为一个个孤岛，既对公司不利，也对自己不利。只有想办法将它们连成一个有机的整体，才能最大化地发挥价值，同时进行税务筹划，取得 1 + 1 > 2 的效果。

44　母子公司的优势

　　我们认为好的公司结构至少要有一个母公司——控股公司（见图9-3）。一般我们是设立××投资有限公司（目前国家不允许新开立投资有限公司）、××管理咨询有限公司、××科技有限公司，或者是有限合伙企业。

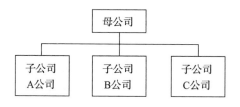

图9-3 控股公司结构

　　母公司是可以不做实际业务的，可以由它来控制各个子、分公司，并接受下面各个子、分公司的分红。股东结构上，建议母公司的股东不要引入外部的小股东，如果有家族成员在公司工作，家族成员是可以成为股东的。如果需要与外部股东合作，尽量由母公司和外部股东成立新的合资公司。因为当母公司所取得的分红收入累积到一定体量后，母公司为了扩大规模，还会进一步的对外投资。而如果存在外部小股东，这可能会涉及小股东权益，一旦小股东不同意，那么就将无法达成对外投资的意向。这也就是让母公司的股东尽量为家庭成员的原因。同时，母公司不做业务，可以保证母公司不存在经营上的风险，力求干净、安全。

　　我们讲一下母、子（分）公司的结构关系优势在哪里。

　　第一个优势是有了一道法律防火墙。如果一开始就是由母公司来投资成立A、B、C这三家公司，而不是由你个人投资成立，那么A、B、C就都是你的子公司。什么是子公司？顾名思义就是儿子公司。什么是母公司？顾名思义就是母亲公司。如果儿子成年了，出了事，母亲有责任吗？没有，他是独立的，儿子自己要承担全部的责任。所以子公司出了问题，法律上跟母公司没关系，这样就相当于你有了一道防火墙，不过这有一个前提，就是子公司的违法不是母公司授意的。基于实质重于形式的原则，如果子公司的违法，有证据显示是母公司要求的，那么母公司也难逃法律的追究。

按照法律的规定，子公司是一个独立法人的公司，子公司的负责人由董事会任免，而分公司不是独立法人，分公司的人员是总公司直接指派的。如果分公司出现了法律问题，那么总公司要承担法律责任。

第二个优势是居民企业之间分红不纳税。子公司盈利，交完企业所得税后，再给母公司分红，这个分红要不要缴纳税金？不需要了。这叫居民企业之间分红不纳税，有限责任公司之间分红不纳税，企业给个人分红，要缴纳20%的个人所得税。

还用之前的那个例子说明，如果成立第四家企业，要先缴纳800万元的税金以后，才能拿到资金，这时候资金只剩下1 200万元。

如果是母子公司这种结构，A公司缴纳企业所得税2 000万元×25%=500万元，然后就可以分红给母公司了，这个分红不纳税。而母公司拿到这1 500万元以后，可以直接投资注册第四家公司，因为居民企业间分红不纳税。这样就减少了300万元的税务成本，资金通道就打开了。

如果这个母公司的收入均为子公司的分红收入，未来这些收入沉淀下来，在母公司又形成了利润，到了年底需不需要再缴纳企业所得税呢？因为这些分红收入，子公司都已经缴纳过一次企业所得税了，因此母公司不需要再缴纳企业所得税了。

第三个优势是所得税合并缴纳。A公司和B公司都是做食品的，一个盈利2 000万元，一个亏损100万元。我们可以在设立B公司的时候，就让B公司成为A的分公司。为什么？因为分公司的所得税是可以和母公司合并一起缴纳的。也就是说，B公司的亏损可以和A公司的盈利相互抵扣完，由A公司按照1 900万元的利润计算所得税，进行纳税。这样合并纳税，是可以选择的。也就是说分公司可以选择和母公司进行合并纳税，也可以选择不合并纳税。选择越多，你的主动权越多。那么分公司可以选择将亏损并入母公司合并缴纳，也就是说 100 万元亏损可以并到 2 000 万元抵扣完再交企业所得税，这样一来你的纳税就合理了。

第四个优势是利于资本投资。母子公司结构有利于资本的进入，如果有家股权投资基金想买你的公司，可以直接购买你的母公司，下面的子、分公司自然就属于股权投资基金了。

第五个优势是利于开连锁公司。如果你准备开餐饮连锁公司或者是医疗美容连锁公司，那么自然人来投资的话，恐怕开店之初的手续会给个人带来很多不便。而且往往新开的门店可能会亏损，但又不能和盈利门店合并纳税。就拿餐饮企业的连锁公司举例，我们可以先成立一家母公司，然后在广州、四川或者湖南分别成立区域子公司，各个省内每个城市成立的门店为分公司。这样，每个省内的各个门店的亏损和盈利就可以集中在省级区域子公司内进行合并缴纳税金。

45　控股公司缴税形式

我再重点介绍一下分公司、子公司的增值税和企业所得税的缴纳方式，把这种公司结构形式彻底讲清楚。

首先如果母公司和子公司是跨省的，比如母公司在广州，子公司在北京，那么子公司运营所产生的增值税和企业所得税在哪个城市缴纳呢？记住，因为子公司是独立法人，所以它的增值税和企业所得税都在北京缴纳。

同样如果母公司和分公司是跨省的，母公司在广州，分公司在北京。那么分公司的增值税在哪里缴纳呢？和子公司一样，在北京缴纳。不管是分公司还是子公司，哪种形式，增值税都在属地缴纳，也就是设立在哪里就在哪里缴纳，增值税是不能合并的。

这里的知识点是，增值税永远都是属地缴纳。记住这一点，这是我要想提醒大家的。

只有企业所得税可以选择合并，分公司可以选择由在广州的母公司进行合并缴纳。在实际操作过程中，分公司的企业所得税需要先在当地预缴，会计人员会根据当年的收入、工资、资产总额系数（这个一般是当地税务机关提供的），按照公式把预缴所得税计算出来，并上交当地税务局，等到年底，母公司合并分公司的利润后，汇算清缴完毕，当地税务局再返还差额。

在管理层任免方面，由于子公司独立法人的身份，对外以自己的名义从事经营活动，所以母公司是通过董事会来任免子公司的CEO和CFO，而分公司就不同了，由于分公司只是母公司的一个分支机构，所以母公司可以随时委派管理人员到分公司。

那么，如果母公司在外地接了一个新项目，希望成立一家项目公司，是应该设立子公司还是分公司呢？哪种情况对母公司更有利？针对这种情况，其实是不能墨守成规的，要根据企业的实际情况，以及企业未来的战略发展因地制宜、实事求是地权衡、分析。如果不考虑其他的条件，一般情况下是设立分公司，因为通常开展新项目的前一到三年都会处于亏损状态。如果设立的是分公司，亏损的部分就可以合并到总公司的报表中，帮助总公司抵扣利润，减少税收。当分公司走出前期的亏损状态，步入正轨，开始逐渐盈利了，那么这个时候就可以考虑关闭分公司，成立子公司，以子公司的名义独立开展业务，脱离母公司的监管，拥有自己的经营范围。

财务管理人员难免要和各种规则打交道，但规则是死的，人是活的。在实际操作过程中，切忌生搬硬套，避免绝对化的评价，而应该综合考虑自身具体情况，灵活地利用规则，在法律允许的范围内帮助公司节税。

46　代表处和办事处

除了我们之前介绍的企业分支机构形态外，还有一种常见的形态类别，通常称之为代表处和办事处。那么这种形态跟子、分公司在运营方面有什么区别？

一般情况下，外资公司在中国设立的机构叫代表处，中国公司设立的机构叫办事处。这样的机构只能负责进行对外联络，而不能涉及任何经营收入，那么代表处和办事处对企业而言最关键的意义在哪里？为什么无论外资公司还是国内的大公司都喜欢开设代表处和办事处？

首先是国内一些大型企业在开拓新的区域市场的时候，为了最大可能地降低成本，通常会选择在目标区域先开设办事处，这样仅需要几个人跑市场就可能能达到预期结果。如果谈下业务，就直接推进总部和客户签合同，办事处可以把人员成本降到最低，同时也便于解散。

而对于一些外资公司而言，除了有上面提到的那个作用以外，还会有一个附加的作用，就是便于结汇。

对于外资公司来说，外币进入中国是需要结汇的，主要有三种方式：①公司的投资款（注册资本金）；②股东借款；③产品交易或者服务交易。

由于代表处不能发生收入，因此运营费用均由国外母公司拨付，需要进行结汇。在实际的商业活动中，外资企业一般是向银行及外管局报送代表处全年的费用预算，外管局会根据全年预算费用审批进行结汇。实际上代表处是第四种结汇方式。代表处的纳税方式一般是以其经费支出额换算收入计算征税方法，也有核定征收和免征所得税的。这里不再赘述。

任何公司形态的出现和存在都是由于企业运营的客观需求所产生的，对于企业管理者而言，若只有一到两家公司，请普通的财务人员和请财务高手进行财务管理，差异并不明显。如果公司规模够大，公司结构和业务结构较为复杂，财务高手的能力就会凸显，为企业创造出一个足够壮观的财务世界。

我遇到有些企业的会计人员很反感公司多。因为公司一多，涉及的业务量就会多，而增加的这些工作量往往会给会计人员造成较多的困扰。所以，现实中很多老板怕开多家公司，有一部分原因是来自于会计人员的压力。

47 把不适合的公司结构转换为适合的公司结构

下面开始，我们要增加一点点难度了。原来是不适合的公司结构，我们怎么能把它变成适合的公司结构？

就用之前的 A、B、C 公司的案例，修改后的公司结构如图 9 – 4所示。

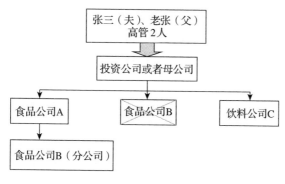

图 9 – 4 公司结构图

应该先成立一家新公司，对吧？好。问题来了。这时候你手里没有富余的资金，就这个案例新公司的钱从哪里来？好，我再提一个问题，就是股东可以不可以从公司借款？

可以。

有什么要求吗？这里我要提醒大家一点，一定要注意股东借款期限不可以超过当年纳税年度的最后一天，也就是说不可超过该纳税年度的 12 月 31 日。税法明确规定：如果股东借款超过该纳税年度将视同分红，要缴纳 20% 的分红个人所得税。

那么股东可不可以在一个纳税年度的年初借款，在当年的 12 月 31 日之前还上，然后再在第二年的年初进行借款？这样做是可以的。因为股东在当年的 12 月 31 日之前已经把借款还上了，只有跨年的股东借款才视同分红。如果在当年的 12 月 31 日之前还上了借款，自然不存在缴税问题了。

这样的话，股东可以从 A 公司借出 2 000 万元或者更多的钱，因为 A 公司账上至少有盈利 2 000 万元，投资成立一家新公司，让这家公司成为母公司，去收购 A、B、C 公司。如果一家公司想要收购你公司的股份，是应该把钱打到公司的对公账上，还是打到公司股东的个人银行卡里？

收购股东的股权是打到股东的个人银行卡里，还有一种叫增资扩股行为，是打到公司的对公账上的。增资扩股并没有收购原股东股权，而是加入了新股东。老股东的股权被稀释了。

也就是说，股东用从 A 公司借来的钱，注册成立了一家新公司，然后新公司再去购买 A 公司股权的时候，钱就又打回了股东的个人银行卡里面了。这样的话，股东就可以把之前个人的欠款 2 000 万元还上。这个欠款是一定要还上的，否则超过了当年的 12 月 31 日，视同分红要缴纳 20% 的个人所得税。这个操作周期时间并不长，而且资金是个闭环。然后股东就通过这种方式，再去买公司 B 和公司 C。新公司的结构图如图 9 - 5 所示。

图 9 - 5　新公司结构图

股权转让记账方面很简单，母公司可以这样记账：
借：长期股权投资
　　贷：银行存款
A 公司这样记账：
借：实收资本——原股东
　　贷：实收资本——新股东
股权转让款可以不通过公司账户，如果通过公司账户收到新公司的投资款，A 公司这样记账：

借：银行存款（现金）

　　贷：其他应付款（个人股东）

支付给原股东以后这样记账：

借：其他应付款（个人股东）

　　贷：银行存款（现金）

这里面有没有税金问题？

凡是能够想到个人所得税问题的读者，都是具备一定财务思维的人，在这里我要给你们点个赞。在这个股权转移的过程中，不涉及企业所得税，但是存在个人所得税和印花税。这里最主要的税收就是个人所得税了。个人所得税税费需要缴纳多少呢？

在这个案例里，新的母公司收购了 A 公司 100% 的股份，假设股权转让价格是 2 000 万元。股东是要按照 2 000 万元来缴纳个人所得税吗？其实，并非这样。个人所得税缴纳多少，主要看公司的股权在售出时是否有溢价。比如，股权转让 2 000 万元，而 A 公司的股权原值就是 2 000 万元，那么这是平价转让，并没有溢价，因此不需要缴纳个人所得税。股权转让的个人所得税，只是针对转让溢价部分。

这里给大家一个公式：

股权转让所得 = 股权转让价格 − 股权原值 − 合理费用

股权转让价格，根据股权转让协议上的价格确认。税务局如何核查这个价格是否公允呢？有些区域的税务机关通过专业机构出具的公司净资产评估报告来确定。净资产评估报告应该由国家认可的评估机构出具，一般会计师事务所里也有评估部门。

股权原值，一般是根据公司的实缴资本来确定的，当然如果在所有者权益中还存在资本公积、盈余公积、未分配利润已经缴纳了个人所得税的，也可以作为成本抵扣。否则，不能作为成本扣除。

合理费用包括评估费用和印花税。

所以这里你要知道，股权变更要去两个"局"。第一步，要去税务局做个人所得税的代扣代缴，必须要做这个动作。第二步，要去工商局变更股东，把原来的自然人股东变更成为公司法人股东。这是2021年的新政策，以前都是先变更工商注册名称，再去税务局完税。这个变化说明未来国家针对股权转让的个人所得税纳税要严格控制了。

看到这里，就会有朋友说，我对外卖出公司股权的时候，可以让公司的净资产评估值和实缴资本一致，这样的话，不就可以零纳税了吗？你的公司一直在盈利，累计盈利2 000万元，但却按照之前的实缴资本，平价或者低价卖给另一家公司。这就不符合常理，一家盈利的公司为什么要平价或者低价卖出，明显不对嘛。税务机关可能会直接给你指定一个计算方式，让你完税。

退一万步来讲，就算是你如果按照0元或者1元进行了转让，也并不是一件好事。因为税务机构未来一旦核查到本次股权转让过低，还是会要求你补税。即使没被发现，对于得到股权的人来说，当他按照0元或1元价格拿到股权后，未来卖出的时候，成本就只有0元或者1元，那么基本上就是按照股权转让价格全部纳税了。

因此，盈利的公司一定要溢价转让。净资产的公允价值可以请评估公司进行评估。也有些地方的税务机关要求根据企业实际报表的净资产进行转让，不需要评估。这要以企业管辖区内的税务机关要求为准。

下面介绍在其他情况下，可以不考虑转让定价。

第一种，转让股权给配偶、父母、子女、祖父母、外祖父母、孙子女、外孙子女、兄弟姐妹以及赡养人。三代以内直系亲属可以平价转让。

　　第二种，相关法律、政府文件或企业章程规定，并有相关资料充分证明转让价格合理且真实的、本企业员工持有的、不能对外转让股权的内部转让。

　　看到第二种情况大家可能会有些摸不到头脑，在什么前提下，才能符合第二种情况的要求呢？这里我给大家举个例子。比如在股权激励中，公司的大股东承诺给核心运营团队释放股权。2021年公司大股东与团队员工签订股权协议，假如现在的公司股权价格是4元/股，未来两年后如果门店数量、收入和利润达到某种指标（股权价格预估会上升到7元/股），股东仍然以4元/股转让给员工。在这种情况下，如果运营团队在两年后达到了指标，按照内部转让价格得到4元/股的股票时，本应该按照转让时的股权公允价格缴纳个人所得税（也就是7元/股和4元/股的溢价缴税），但是根据第二种情况所说，就不需要缴纳个人所得税了，因为这是本企业员工持有的不能对外转让股权。不过它其实变成了一个"递延税项"。当员工未来再一次卖出手中股权的时候，4元/股就成了他的成本，也就是说最后卖出的时候要一并缴纳个人所得税了。

48　控股公司的其他好处

　　股权转让时，控股公司得到先分红、后转让的好处。举个例子：

　　假如公司A投资公司B的初始投资成本是100万元，占公司B股份的40%。经过一段时间的经营，公司A决定将公司B的股份全部转让给公司C，目前公司B账面上的未分配利润是300万元，公司B的评估净资产是600万元。

在没有分红的情况下：公司 A 需要缴纳企业所得税：（600 万元 × 40% – 100 万元）× 25% = 35 万元。

如果公司 A 先分红，再转让：300 万元分红给各个股东，公司 A 收到分红款，根据居民企业分红不纳税的原则，不需要缴纳企业所得税。〔（600 万元 – 300 万元）× 40% – 100 万元〕× 25% = 5 万元；节省 30 万元。

如果股东是个人的话，先分红后转让，还是直接转让，个税并无差别，都需要缴纳 20% 的个人所得税：（600 万元 × 40% – 100 万元）× 20% = 28 万元。

这样我们再一次发现企业持股的好处。在股权转让时，如果被转让的子公司有未分配利润的话，可以先期进行分红，依据居民企业分红不纳税的原则，不需要缴纳税金，分红后再转让股权，股权转让价格就下来了，股权转让的个人所得税自然也下降了。

如果两个自然人股东共同成立一家控股公司 3，控股公司 3 又投资成立一家运营的主体公司（见图 9 – 6）。主体公司盈利后分红到控股公司中。因为股东 1 和股东 2 的财富混在了一起，如果股东 1 想对外投资，股东 2 不同意，就只能进行分红。各交 20% 个人所得税后，股东 1 才能进行对外投资。如何解决这个问题呢？

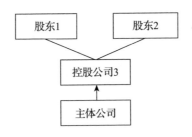

图 9 – 6 控股公司结构

就是股东 1 和股东 2 分别以各自的家族公司投资成立控股公司 3，当主体公司盈利分红给控股公司 3 后，控股公司 3 再分红给股东 1 和股东 2 的家族公司中。因为居民企业间分红不纳税，所以在这两次分红中，都无须纳税。这样股东 1 少缴纳了 20% 的税务成本，就取得了进行对外投资的资金（见图 9 - 7）。

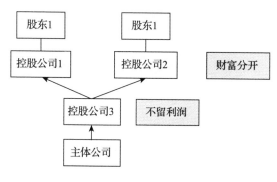

图 9 - 7　控股公司结构图

49　公司大了需要收入分解

在企业成立初期，通过合理的公司结构搭建可以达到合理合法节税的目的，但随着企业规模的不断扩大，正确地进行收入分解同样是税务筹划时的一个重要思路。

比如，一家以空调销售为主营业务的公司，它的业务范围还包括将空调运输到客户家中，并进行安装。这个业务链条中包含空调产品销售（增值税率 13%）、运输服务（增值税率 9%）和安装服务（增值税率 9% 或者 3%）。这种业务我们叫混合销售行为，税务机关征税是从高不从低，因此整个业务完成需要缴纳 13% 的增值税。

正确的做法，应该是将整个流程分解为三个部分。第一部分是属于产品销售行为的空调销售，这部分的增值税率为13%；第二部分是将空调运输到客户家中所产生的运输费，这部分运输服务应缴纳的增值税率为9%；第三部分是客户家中空调安装的安装费，这部分服务的增值税率是9%或3%。三个部分属于不同业务，其税率不同。但如果将三项业务包含在同一家公司里，按照税法规定属于混合销售行为，三项业务都需要按照13%的税率纳税，因此，如何做好税务筹划，达到合理节税的目的，就成了公司需要面临的问题。

当然，你可以和客户分别签订销售合同、运输合同、安装合同，将三种销售行为分开。但是在有些地区的税务机关仍然会将其视为混合销售行为，要求公司按照13%的税率一并纳税。

最彻底的方式应当是在母公司之下开设三个子公司，分别是运输公司、空调安装公司和空调销售公司，并且三个公司相互独立，各自签订合同。如果其中有哪家公司可以在当地享有税务优惠，或者公司设立在税务洼地中，那么还可以考虑三个公司分别对外报价，适当将利润留在有税务优惠的公司中。但是这里提醒各位企业家们，定价不可与正常市场价格过于偏离，否则会有转移利润的嫌疑。

那么，这种方法是不是一种关联交易呢？其实不是的，因为下设的三家公司只是对同一个第三方客户签订合同，它们之间是相互独立，并无业务往来的，因此不能算关联交易。很多人觉得关联交易是一种非法行为，甚至不少财务管理人员也存在这样的误区。其实关联交易本身是合法的，几乎所有的上市公司或规模较大的公司，都不可避免地存在关联交易现象。真正重要的不是关联交易本身，而是关联交易定价（Transaction Price）。因为这其中涉及企业是否故意将利润转移到税务洼地以获取更多的利益，这类行为才是非法的。也正是这个原因，上市公司在审计报告中都需要披露关联交易以及关联交易定价。部分财务管理人员由于没有了解清楚关联交易的实质风险，才对其产生了过多的恐惧。

总而言之，企业的税筹方案一定要在法律允许的情况下制定，很多时候是因为企业家或者是财务人员不懂税法，多交了税。税务筹划其实不是教大家避税，而是在教大家如何合理合规地根据业务实际情况纳税。不同的企业体量，不同的发展阶段，都可能需要采用不同的税筹方式。这需要财务人员多实践、多思考，在实际操作中形成自己的一套方法论。

50　古玩字画在税前列支还是税后列支

有一个网络上流传很广的关于避税的案例，相信很多人都听说过。但很多人却不知道这个案例其实隐含着"大坑"，是个错误案例。这个案例是这样的：

为什么很多企业家都喜欢花大价钱购买古董字画？是因为他们在买了这些古董字画之后，会把这些古董字画计入公司的固定资产，然后按五年或者是十年对这项固定资产进行摊销。按照这个逻辑，如果是几亿元的古董字画，每年需要摊销几千万元，这样可以抵扣企业的所得税，一直到古董的残值为零为止，很好地达到了避税的目的。折旧为零以后，老板再用1元买回来，这样不但能为公司节税，还可以实现价值转移的目的。

听起来很有道理，但这个办法在实际操作层面是不现实的，如果你真的按照这个逻辑去操作，大概率会掉进坑里，在我看来这个案例非常具有误导性。

国内在关于古董字画是否属于固定资产这个问题上存在一定争议，不过目前基本上达成的共识是：如果企业经营与古董字画相关的业务，那么古董字画便可以被认定为固定资产，如果仅仅以装饰为目的，那么就与生产经营无关，通常不被计入固定资产。

而且按照《企业会计准则》中的规定来说，长期待摊费用科目，其核算的内容不能以资本化的费用为主，所以按照准则规定，高价古董字画似乎不符合长期待摊费用的标准。

此外，税法规定，除非这些古董字画和企业生产经营具有直接关系，否则所支付的相关费用一律不允许在税前扣除。

总之我们只需要抓住一点，就不会在这件事上出现理解偏差，即如果公司的生产经营均不与这些古董字画发生直接关系，那么所有的折旧费和摊销费均不能在税前扣除。了解这一点之后再回过头去看上面举的那个例子，你就会发现这个例子的误导性还挺严重的，如果不了解情况，说不定真的会掉进这个坑里。

第 10 章

大公司如何进行股权设计

51　控股权等于控制权吗

随着公司规模变大，数量增多，新的股东会逐渐加入。这个时候，创始人或者大股东就要小心公司的控制权了。一般提及控制权，会存在两个误区。

第一个误区：公司的法定代表人（也就是我们常提到的法人）控制公司吗？

通常，公司的法定代表人并不能在实际意义上控制公司，因为大部分法定代表人的法人章由公司的财务部保存。法定代表人更多的时候是"去跑法院的人"。企业一旦出现法律问题，法院最先通知的就是公司的法定代表人，他跟控制权有关系，但并不大，关系比较大的是承担风险。

核心股东或者公司的核心人员不一定非要去做公司法定代表人。虽然法人是有权力签字的，但是在公司章程中已明确规定法定代表人在对外借款、贷款或者进行担保时，都必须得通过公司的董事会来决定，法人不能越俎代庖，越权去做超越他的权力的事情，比如私自借贷，如果这么做，就属于职务犯罪，是违法行为。因此股东们大可放心。

第二个误区：控股权等于控制权吗？

其实不等于。这个误区也是多数企业老板都难以避免的。先讨论一个真实的案例：一个规模可观的公司的 CFO 遇到了一个难题，他们公司当时正在和另一家公司进行合资，打算成立一家有限责任公司，双方各占 50% 股份——这种情况经常会出现。那么在两家公司各占 50% 股份的情况下，谁才是这家新公司的老大？谁又来合并财务报表呢？当时的合资协议和公司章程，法务部都签了字，到 CFO 手里，他看完觉得不对，就直接给老板打了电话，问他合资公司的控制权要不要？老板要的当然是控制权！但是合资协议和公司章程中显示，对方已经拿走了控制权，那么问题来了，要不要抢？老板明确表示要控制权，让 CFO 和对方公司谈判，后来他用了半年的时间把控制权拿了回来。他是如何抢回控制权的我们稍后再论，先回答第一个问题，双方同时具有 50% 股份时，如何确定谁具有控制权？

很多企业家不在意公司章程，是因为初创型企业的老板很多都是自己白手起家，或者和亲戚朋友一起创业的，开始只想着怎样才能生存下来，如何才能挣钱，企业没有壮大前，想不到控制权问题。他们觉得反正公司都是自己的，找个公司章程的标准版去工商注册备案就行了。不得不说的是，一个企业家未来要跟资本合作，或者要跟别人合资，最重要的就是公司章程，因为公司章程是要在工商局备案的，一旦涉及法律问题，它就是最具有法律效力的那个文件。所以别小看公司章程的重要性。

公司章程中的控制权如何体现呢？首先，一般董事会的构成都是单数，5 个人、7 个人、9 个人等。看哪一方董事占半数以上，那么哪一方就控制了董事会。董事会对重大事项投票表决时，占半数以上的那方占优势。不过前提是董事长不能有一票否决权，如果董事长有一票否决权，那么谁是董事长就很重要。由此观之，首先得看董事长有没有一票否决权，如果董事长没有一票否决权，再看你方的董事人数是不是超过半数。

董事会只是决定公司经营的重大决策，仅仅如此还是不够的，还需要在公司的日常经营管理中拿到控制权。而公司的日常经营管理是不通过董事会的。因此，CEO 和 CFO 至少需要有一个人是我方派遣的，才能将控制权坐实。如果我方只有 49% 的股份，但是拥有整个董事会的控制权，还具有董事长的一票否决权，同时 CFO、CEO 中还有一个人是我方派遣的，那么就算对方拿到 51% 的股份也没用。因为不管他想干什么都得经过我方同意。CEO、CFO 有一个不签字，他就干不了；董事会不给他投票或董事长一票否决，他还是干不了。他如果干，就是违法，这就很好地解释了什么是控制权。

我个人认为公司中有四个权很重要，控股权、控制权、经营权还有分红权。说回本讲开头的案例，当时那个 CFO 看公司章程的时候，发现 5 人的董事会，对方占了 3 席，而且派遣了 CEO，显然是要控制这家新的合资公司。那么该如何与对方谈判拿到控制权？硬碰硬显然不是好的处理方式，如果合资前就和对方吵起来，未来还怎么合作？这种情况可以从分红权入手，本方想要控制权，就多让给对方一些分红权。让他们多拿些分红，未来合资公司分红不是五五开，而是本方拿 45%，对方拿 55%。对方可以多拿 10% 的分红，但控制权得给本方，这样就相对公平了，大家可以相互合作下去。在与别人合资以及和资本对接的时候，要有博弈的概念。博弈不是将对方置于死地，而是在博弈中拿到主动权，最终实现双方共赢的结果，皆大欢喜。

52 老板的最后自我救赎——一票否决权

在谈到一票否决权的重要性之前，我们可以先来看一下某行业前两位的共享单车公司在一票否决权上的失误。

某共享单车公司的董事会由以下成员构成：创始人及联合创始人5席，投资公司A有2席，投资公司B有1席、投资公司C有1席。公司章程规定，在投融资决策上，只要有任何一个股东持反对意见，这个决策就不能实施，任何股东都有一票否决权。正因为有股东一票否决权的存在，导致共享单车公司在融资决策上面很难达成一致，到最后，共享单车的创始人成了"老赖"。

当然，一家公司的垮台并不能简单地归咎于一票否决权。在相关经济报道中也提到了，公司经营不下去，与其不计成本的广告投入也有一定的关系，公司成本管控出现问题是导致公司难以生存的主要原因。另外，共享单车公司的内部贪污现象也比较严重，有报道称共享单车公司城市经理的差旅费用在两万元以内的，可以随意提供发票进行报销。此外，有些区域城市经理上报的兼职人员费用也存在造假行为，虚报人员数量，明目张胆吃空饷，这就是内部管理的失控。所以，很多企业的失败，是由于多种原因导致的，而不是简单的某一件事情导致崩盘。

除了内部控制，一票否决权在投资并购中也是至关重要的，尤其是在企业准备上市的过程中。一票否决权一旦落入别人手里，证监会就会认为创始人不是企业的实际控制人，至少不是唯一的控制人。因为谁拥有一票否决权，谁才是企业的真正掌权者。证监会不允许企业实际控制人在 A 股上市后的三年内发生任何变化。就算是创业板上市的公司，两年内实际控制人也不可以发生任何变动。

国美曾经发生过这样的事情。当时有一位股东想要联合贝恩资本掌握国美的控制权。尽管黄光裕当时人在监狱，但因为有一票否决权，成功地把贝恩资本挡在了国美的门外。华为的创始人任正非，也在经营决策和投融资上有一票否决权。

当年，腾讯有意收购泡泡马特，对于任何一家公司而言，如果能被腾讯这样的超级巨头收购，股东们完全有可能会兴奋得睡不着觉。但泡泡马特却出人意料地拒绝了腾讯，因为腾讯在投资协议中要求，收购后想要拿到泡泡马特的一票否决权。泡泡马特的创始人对此考虑再三，最终拒绝了腾讯的巨额投资。目前看来，泡泡马特的决定可能是正确的，因为即便没有腾讯的投资，也在香港成功上市了。所以，企业创始人一定要记住，自己手上拥有一票否决权才是王道，这个权力不能随意让给第二个人。

那么，除了一票否决权，还有哪些方式可以让老板手上仅持有少量的股权，却依然能牢牢地掌握着公司呢？

当然，除了一票否决权之外，要想拿到公司的控制权，还可以通过控制公司股东大会和董事会来实现。这两者只要控制了其中任何一个，就相当于控制了公司。如果只是一家中小型企业，你也没有一票否决权，那你就要控制住企业中每个部门的中层管理团队，这就是经营权。如果以上这些你都没有办法控制，那我再给你一个有用的工具，那就是有限合伙企业。有限合伙企业的优势之一就是即便你只拥有公司 1% 的股权，也可以牢牢控制整个公司。在有些地方，有限合伙企业也被称为"持股平台"。

53　有限合伙企业最多有多少个股东

关于有限合伙企业，我们需要记住三点：①有限合伙企业无须缴纳企业所得税；②股东分为 GP 和 LP，两者的法律责任和权力不同；③成立有限合伙企业的目的。

我们要了解有限合伙企业和有限责任公司在法律上有什么不同，有限责任公司的"有限责任"到底指的是什么。

有限责任公司是按照认缴的注册资金金额来确定"有限责任"的。比如我认缴 1 000 万元的注册资金，但我实际只出资了 200 万元，如果公司有一天破产了，我应该赔偿多少钱呢？按照认缴的 1 000 万元来赔偿，超过 1 000 万元的部分不需要赔偿。当然这个赔偿还有几个前提：①没有违反法律，如果违法犯罪了，以法院判决书为准。②没有和股权投资基金（VC 或者 PE）签订对赌协议。③没有进行对外担保。

所以，需要提醒大家的是，很多公司老板倾向于认缴很高的注册资本金，然后实缴数额很少的一笔钱。这种操作要谨慎，因为一旦公司破产，需要按认缴的注册资金金额来进行赔偿。还有两个重点要提醒一下企业家们，如果是一人有限责任公司，除非你能将个人财产与公司完全分开，否则视同无限责任。实际上，大部分民营企业家都很难做到完全将个人资产与公司资产完全划清界限。还有，如果是夫妻作为有限责任公司的股东，法律上也视同于承担无限责任。

那么问题来了，个人独资企业（注：一般注册名称为工作室、厂、店、部、中心等）和个体工商户承担的到底是有限责任还是无限责任？这两种类型的企业，股东承担的是无限责任。所谓的无限责任，通俗解释就是连带上你个人财产一起全部赔进去。

有限合伙企业的股东分为 GP 和 LP。GP（General Partner）即普通合伙人，也有人称作"执行合伙人"。LP（Limited Partner）是有限合伙人。一家有限合伙企业最多可以接纳多少个股东？答案是：50 个。就是说一个有限合伙企业最多只能有 50 个股东，这其中可以有一两个 GP（普通合伙人），但通常考虑到一山不能容二虎，这类企业通常只设置一个 GP。GP 拥有绝对控制权，他就算是只有1%的股份，也是实际控制人，这个和股份的多少没有直接关系，专业术语叫同股不同权。

要知道，有限责任公司的股东太多，后续会很麻烦，因为原股东退出或是引进新股东，均需要所有股东认可并签字确认，整个流程比较烦琐。当小股东的股权超过了10%，还有了去法院诉讼的权力，在必要的情况下还可以申请将公司清算并解散。当企业做大做强后，这样的博弈可能会导致公司内耗。

这些问题在有限合伙企业中就会得到解决。为什么？因为业务都是 GP 说了算，包括经营决策和投融资，这是在一开始就签入协议的。LP 只是拿分红，并无决策权。当然，如果 GP 想让 LP 离开公司也是很容易的，相比有限责任公司来说，各种流程也方便快速得多，甚至可以在有限合伙企业成立之初和 LP 签订协议，让 LP 放弃所有的签字权。当然这些都需要有专业律师来把关。

这样一说，大家就该明白 GP 对于有限合伙企业是多么重要了吧。但是世界是公平的。谁的权力越大，谁的责任就越大。既然 GP 拥有控制权，那 GP 承担的就是无限责任。而 LP 只需要承担有限责任，这个有限责任与他的出资额挂钩，LP 出多少钱就承担多少钱的责任。

那么，GP 和 LP 必须是自然人吗？这可不一定。他们也可以是公司，不一定非得是自然人，这一点不要搞错了。如果你用一家认缴 50 万元的有限责任公司做 GP，那么 GP 就不需要承担无限责任，GP 的有限责任为 50 万元。但是，一旦有限合伙企业分红给企业法人 GP，那 GP 还需要再缴纳 25% 的企业所得税，不适用居民企业间分红不纳税。因为有限合伙企业和有限责任公司不属于居民企业。

从纳税层面上来看，虽然有限合伙企业无须缴纳企业所得税，但通常情况下有限合伙企业是不用于经营的，这是由它的特点决定的。有限合伙企业最大的亮点，并不是它的税务优惠（免交企业所得税），而是它的定向融资功能。也就是说，即使 GP 仅仅出资 1 万元，LP 出资 1 亿元，这个平台的控制者依然是 GP。但是这里一定要提醒一下，有限合伙企业只能定向融资，不能向公众集资，向公众集资会有非法集资的嫌疑。什么叫定向集资？打个比方，向企业内部员工集资，这就是定向集资，员工们是和公司签订过劳动合同的。再比如，和企业的代理商定向集资，代理商也有和公司签订了代理合同的。当然，成立合伙企业一定要有专业的律师进行辅导，这样才合法合规。我在这里不建议初次创业的老板成立有限合伙企业，因为成立有限合伙企业，是需要有经验的财务团队和法务团队做支持的。如果是初次创业的话，容易出现维护成本过高，成立难度较大等问题。

有限合伙企业适用于股权投资、股权激励、私募基金和家族持股平台，所以，有限合伙企业的收入大多来自于其控制的各个公司所上缴的分红收入，而这些收入放入有限合伙企业中，不需要缴纳企业所得税。如果有限合伙企业的股东是自然人，再次分红的话，那么股东需要缴纳20%或者按照累进税率缴纳5%～35%的个人所得税，这是根据当地税务局的相关要求来缴纳的。

这一点和个体工商户、个人独资企业非常像，因为个体工商户和个人独资企业也不用缴纳企业所得税。这类企业盈利后，股东在分红时，只需要缴纳20%或5%～35%的个人所得税，同样也是根据当地税务局的相关要求来缴纳的。

54 有限合伙企业、有限责任公司、个人如何纳税

不同纳税主体在分红、投资和经营等不同经济活动中所需要缴纳的税费是存在一定差别的。这里所要阐述的纳税主体主要包括有限合伙企业、有限责任公司和个人，那么它们彼此之间的税率差异性是如何体现的呢？首先，我们来了解一下各自的分红税率。

个人从被投资企业得到的分红，一般可以分为三种情况：第一种是自然人直接投资某个企业，若该企业经营状况良好，则自然人从缴纳完企业所得税后的盈利中拿到的分红，一般只需要缴纳20%的个人所得税即可；第二种是自然人通过入股有限责任公司去投资某个企业，由于税务条款中居民企业间分红不纳税的既有约定，企业分红给有限责任公司无须纳税，但自然人从有限责任公司分红中再取得的分红需要缴纳20%的个人所得税；第三种是自然人通过组成有限合伙企业再入股被投资企业，由于税收相关法律条款中明确了有限合伙企业不需要缴纳企业所得税，所以此时自然人仍只需要

缴纳 20% 的个人所得税。

所以综合上面的三种情况，三种不同纳税主体从投资企业中取得的分红所需要缴纳的税率是没有差异的，即 20% 的个人所得税。

我们再来看一下投资方面的税率区别，这一点主要从转让股权的角度来进行说明。

就自然人而言，最简单的一种情况是自然人直接将投资企业中持有的股权进行转卖或卖出，此时对于企业股权价值的溢价部分，自然人需要缴纳 20% 的个人所得税。而比较复杂的两种情况分别是自然人先入股有限合伙企业或有限责任公司后再投资另一家企业，就转卖税率而言，这二者之间的差异比较明显。

由于有限合伙企业不需要缴纳企业所得税，所以自然人股东将有限合伙企业所持有的其他公司股份进行转卖时，所需要缴纳的税率通常是根据不同地区的税收政策确定的。有些地区是直接将这一税率定为 20%，而大部分地区是按个体工商户和个人独资企业的经营所得税纳税比例确定征收税率，通常是实行 5%~35% 的个人所得税累进税率。

对于有限责任公司而言，由于有限责任公司需要缴纳企业所得税，所以转卖有限责任公司所持的投资企业股份时，除了需要缴纳 25% 的企业所得税外，还需要缴纳 20% 的个人所得税，总计综合税率是 40%。但有限责任公司有一个优势，就是转卖股权的溢价所得，在缴纳完企业所得税后，可以不再对个人股东进行分红，尤其是对于家族母公司来说。有限责任公司可以将所得保留在有限公司体内，未来做更进一步的投资。

通过对上述三种情况的分析，我们可以很清楚地发现在进行股权转让时个人和有限合伙企业均只需要缴纳个人所得税，而有限责任公司则需要多缴纳 25% 的企业所得税。那么我们再看看，对于个人和有限合伙企业而言，又是否可以分出谁更具优势呢？

要寻求这一问题的答案，我们就需要分别比较，全面了解这两种纳税主体在转卖时的相关注意事项。个人转卖其所投资的公司股权时，缴纳个人所得税的纳税地点一般应是发生股权变更企业所在地，即被投资企业的注册地。但这个注册地往往是不会以个人的意志为转移的。所以，个人只能根据被投资企业注册地的税收要求来纳税。

而如果有限合伙企业将所持股份转让的话，缴纳个人所得税是按照有限合伙企业注册地来缴纳。一定程度上是便利于有限合伙企业的持股人的。在成立有限合伙企业之初，我们就可以将其布局在处于税务洼地的地区，如果能找到具备核定征收政策的税务洼地更好。目前有这种利好政策的地区虽然不多，但还是有的。

综上所述，个人转卖股份时最大的不利条件在于纳税地的不可变更，而相较而言，有限合伙企业则更灵活，选择性也更强。

基于有限合伙企业在股权转让时的两个特点，可以定向融资和免交企业所得税，我们通常认为有限合伙企业在对外进行投资时会更有优势，在未来转卖股权的时候，纳税的税负相对低并且灵活度高。

当然有限合伙企业也可以直接做经营，一般只需要与项目相关方直接签合同即可，并且采用这种企业形式进行经营的话，免交企业所得税或税收洼地等税收优势对合伙人是比较友好的。

一个硬币有两面，有限合伙企业也不例外。具体而言，首先，税务洼地的优惠政策并不稳定，而且对于有限合伙企业来讲能够核定征收的区域较少。

其次，有限合伙企业自身盈利或从下属子公司获得分红收益，无论每年是否再对 LP 或者 GP 进行分红，企业合伙人都必须纳税，这就是"先分后税"的原则。而有限责任公司的纳税原则是不分红就不纳税，即当年只要企业未进行分红，股东就不需要缴纳个人所得税。

所以对于有限责任公司而言，只要不分红当年的经营利润，就无需缴纳 20% 的股东分红个人所得税，实际上就成为公司源源不断的资金流，以维持公司的持续稳定运营。公司可以用盈利资金扩大对外投资，开展多种经营。这是有限责任公司的好处。不过，我们也发现有些这样的母公司，将企业未分红的利润，以企业的名义购房、购车，将利润转化为固定资产。因为母公司的股东都是家族成员，因此这些固定资产的所有权也相当于是自己的。虽然企业购置房产需要缴纳房产税，但税率并不高。而且随着个人投资房纳税的政策呼之欲出，未来无论公司买房，还是个人买房，房产税上的差异并不大。这样的做法虽然目前看来并不违反税法、不违规，但是同样也是不值得鼓励和不提倡的。因为，一个合格的企业家不应该只考虑个人的利益，还要考虑自己本应为社会、为国家承担的义务和责任。

虽然有限责任公司没有像有限合伙企业那样，通过设立在税务洼地的方式来降低税务成本，但它可以享受高新技术企业的优惠或"双软"企业的优惠。有研发需求的企业，每年的研发费用还可以加计扣除。这些税收优惠，可以大大降低企业的纳税成本。

在实际生产经营活动中，有限合伙企业的上述短板并不影响其成为投资人的热门选择。虽然它可以用来直接经营，但人们往往还是愿意将其作为持股平台，用于进行股权激励或购买其他公司的股份。

　　说到这里，大家可以思考一下是否存在这种可能性——用一家注册资本仅仅只有 20 万元的公司去控制一家注册资本 4 000 万元的公司。

　　答案是可以的，这其中的奥妙之处就在于有限合伙企业的股权杠杆作用。那么这是如何操作的呢？

　　第一步，自然人先注册一个初始资金为 20 万元的有限责任公司，再以该公司作为股东注册一个占比注册资金 1% 的有限合伙企业。在这 2 000 万元的注册资金中，虽然有 1 980 万元都是有限合伙人投资进来的，但因为注册资本 20 万元的这家有限责任公司是普通合伙人，所以可以理所当然地控制这家有限合伙企业。

　　第二步，拥有 2 000 万元资金的有限合伙企业，与别人合资成立一家注册资本 4 000 万元的有限责任公司，同时控制董事会及经营管理层。此时由于股份占有率达到 50%，所以实际上该有限责任公司的控制权已经归属于该有限合伙企业。这样该自然人就用 20 万元的公司直接控制了注册资本 4 000 万元的有限责任公司。至于操作过程中如何拿到控制权，在之前章节的叙述中已经进行过讲解，在这里就不再赘述。

　　很明显，这个方案的优势在于，自然人用注册资本 20 万元成立一家有限责任公司，再让它成为 2 000 万元的有限合伙企业里面的GP。如果让自然人成为 GP，该自然人要承担无限责任，但此时这个GP 只承担 20 万元的责任。

　　当然世界是平衡的，当自然人利用有限公司规避了本来作为 GP所应负的无限责任时，那么不可避免地其要付出一定的税务成本代价，即这种方式会带来重复纳税的问题，我们先看图 10 - 1。

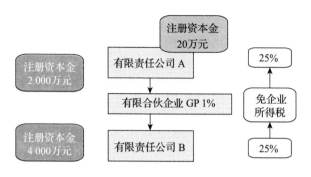

图 10－1　公司结构图

　　B 公司在盈利的情况下要进行分红，首先需要先缴纳 25% 的企业所得税，完税后再分给有限合伙企业，此时由于有限合伙企业本身不需要缴纳企业所得税，分红收入又不需要缴纳增值税，因此该有限合伙企业是不需要缴税的。然而有限合伙企业给 A 公司分红时，A 公司作为合伙人收到该笔分红款应作为股息、红利等权益性投资收益缴纳企业所得税。

　　有人会问，既然有居民企业间分红不纳税的约定，那为何有限责任公司在收到有限合伙企业的分红后，还要缴纳 25% 的企业所得税？是重复纳税吗？

　　要比较准确地回答这一问题，首先我们先要看一下《中华人民共和国企业所得税法》第一条规定：在中华人民共和国境内，企业和其他取得收入的组织（以下统称企业）为企业所得税的纳税人，依照本法的规定缴纳企业所得税。个人独资企业、合伙企业不适用本法。

　　也就是说，居民企业分红不纳税并不适用于个人独资企业和有限合伙企业。

　　在经过以上对有限合伙企业与有限责任公司纳税区别的分析后，

在具体的经济活动中可以根据企业设置的各个要素选择合适的企业形式。比如自然人想要做长期的股权投资或长期持有企业，可以选择有限合伙企业或者家族性质的有限责任公司。

如果有限责任公司中还有其他的小股东，那么股东依据所占有的股权比例会有相应所要承担的权利与义务。由于股权占比不同，股东的权利也会不同，比如占比10%以上的股东就拥有调查、清算、解散公司的权利，而拥有34%的股权的股东在股东大会上已经实质拥有一票否决权。股权占比达到或超过67%的股东，拥有绝对控制权。所以对于有限合伙企业而言，小股东数量多的时候运作起来会比较高效，因为此时大股东拥有绝对的控制权。

55　　代持股，AB股模式

代持股协议的合法性问题一直是一个经常讨论的话题，时至今日，仍然有部分人心存疑虑。事实上，代持股协议在法律上是合法的。但合法并不等于其可以完全适用于任何场景和任何个人，因为在现实层面代持股协议仍存在一定的风险，主要体现在以下四个方面。

第一，对于代持股协议的双方我们通常称作隐名股东和显名股东，隐名股东其实就是股权的实际拥有者，但是他并不抛头露面。显名股东是可以通过天眼查看到的股东，但实际并不真实拥有股权。所以对于代持股人的不良经营所造成的损失，手持代持股协议的隐名股东往往会面临追偿无果的困境。显名股东，通常也是工商管理部门登记的股东，如果他恶意乱用经营管理权、分红权、增资权等权利，或者将公司资产进行抵押、转卖给第三方，甚至将手中的股权直接卖出获利。这种做法，都会直接伤害到隐名股东的经济利益。

第二，如果一旦显名股东背着隐名股东将手中持有的股权卖出，即使此时隐名股东拿出代持股协议也已经无法改变公司被转卖的事实。因为法律上有一个原则叫"不可对抗善意第三人"，隐名股东只能诉讼显名股东让其赔偿，但股权却已经无法拿回。

第三，隐名股东想要卖出股权时，显名股东不配合股权转移的操作，那么股权买卖是无法进行的。

第四，隐名股东在公司上市过程中，或者资金进入时可能会面临白白缴付个人所得税的风险。假如公司取得比较好的盈利效果，此时有风险投资基金（VC 或者 PE）准备进入，或者公司准备股改上市，投资基金或者是证监会都会要求对代持股份进行还原，即此时显名股东需要将其代持的股份卖还给隐名股东。基于公司实际存在盈利的前提，此时其市场股价一定是溢价了的，因此转卖时隐名股东还需对股份溢价部分缴纳 20% 的个人所得税。但若股份还原后由于某种原因风险投资基金撤出或上市失败，则实际出资人缴纳了个人所得税费，却没有达成自己的目的。因此，在签订代持股协议时，为了尽可能规避上述风险，需要审慎选择代持股主体。在实际经营中，这部分主体通常为配偶、父母、子女、祖父母、外祖父母、孙子女、外孙子女以及兄弟姐妹等可以平价或者赠予的人群。

那么目前的企业结构中除了有限合伙企业以外，是否还存在这样一种模式——创始人即使只有少部分的股权也能牢牢控制公司并吸纳数量庞大的股东群体？有，那就是 AB 股模式。

什么是 AB 股模式？简单理解，AB 股模式是一种同股不同权的股权结构模式，主要存在于上市公司。起源于在美国上市的公司，比如百度和京东，其各自的创始人李彦宏、刘强东便是用 AB 股来控制公司的。

最早的 AB 股模式出现在 2000 年前后的美国，并且这一模式的使用率在 2000 年达到峰值，但是后来随着经济危机的出现而逐渐在美国企业中减少。正是由于美国社会中对 AB 股模式广泛的认知度和接受度，2016 年原本准备在中国香港上市的阿里巴巴因为港交所不认可 AB 股模式所以最终选择了在美国上市。在中国香港，2018 年 AB 股模式被确认，当时的小米正好赶上了这一契机。中国内地是从 2019 年的科创板开始试水 AB 股模式，但对申请使用 AB 股的上市公司设置了一定的准入门槛。

在现在已经实行 AB 股模式的中国企业中，我们会发现一个有趣的现象，即持股权与投票权不对称。这里有几组数据可以很清楚地反映这一点，2017 年京东创始人刘强东持股 15.4% 但拥有 79% 的投票权，百度的李彦宏持股 31.8% 却拥有 61% 的投票权，2019 年年底瑞幸咖啡董事长陆正耀和 CEO 钱治亚分别占股 23.9% 和 15.4%，而他们所拥有的投票权则分别为 36.9% 与 23.8%，虽然与京东和百度不同，但我们可以猜测瑞幸咖啡的两个创始人可能是一致行动人，因为两个人的投票权相加超过了 60%。

那么为何会出现这种股权与投票权不对称的格局呢？这里就需要对 A 股和 B 股的对应投票权进行说明。通常情况下，A 类股是普通股，其一股对应一个投票权，有些 A 类股甚至没有投票权，最常见的 A 类股就是我们散户在股票市场自由买卖的股票，大部分股市散户都知道自己所持的股票是没有投票权的。B 类股通常又叫优先股，其一股一般对应多个投票权，比如京东的 B 类股，一股对应 20

个投票权；百度的 B 类股，一股对应 10 个投票权。正是由于 B 类股的特殊性，所以在一定程度上公司所持有的 B 类股数量决定了公司决策权的归属。现代企业中 B 类股的持有人一般就是企业的创始人。那么是不是 B 类股买得越多越好呢？当然不是。

凡事都有两面性，A 类股由于可以在股票市场自由买卖，所以其价值浮动性会较大，企业经营情况好，股票价值就会水涨船高，A 类股持有者也可以在恰当的时机将股票迅速变现。相较而言，B 类股则因流通性较差，股票价值偏低，所以往往只有创始人会选择持有 B 类股，目的是取得企业的控制权。

56　你没听过的阿里巴巴合伙人制

众所周知，阿里巴巴公司有三个大咖级别的财务人士——张勇（阿里巴巴集团现任董事会主席）、蔡崇信（现任阿里巴巴集团执行副主席）和井贤栋（蚂蚁金服董事长兼首席执行官）。阿里巴巴集团人才济济，可谓高手云集。从某种程度上说，阿里巴巴集团更喜欢走不同寻常的路，在股权结构上他们也做了独特的结构安排。

阿里巴巴集团于 2009 年筹备上市，2010 年推出了创新的合伙人制度，最终在 2014 年上市成功。阿里巴巴集团创新的合伙人制度，和我们通常所说的合伙企业制度有本质上的区别。他们的合伙人制度，其实是马云为了防止在公司上市且股权融资之后，原始股东在公司的话语权被剥夺而想出的一个办法。

在阿里巴巴合伙人制度的规定中，有一个由 5 个人组成的委员会，这5个人分别是马云、蔡崇信、张勇、彭蕾和井贤栋。其中，马云和蔡崇信是永久合伙人，其他3人是暂时合伙人，暂时合伙人在阿里巴巴任职期间可以享有合伙人的一切权限，一旦离职，则其合伙人权限立即终止。

该5人委员会有权确定一个合伙人名单。根据阿里巴巴的合伙人制度，合伙人的人数是没有上限的。目前的阿里巴巴合伙人人数为30人，其中23人为阿里巴巴集团的管理层人员，另外7人为关联公司和分支机构的管理层人员。

阿里巴巴集团每一年会选举一次新的合伙人。新加入的合伙人要获得75%以上现任合伙人的同意才能最终获得当选，而现任合伙人的投票为一人一票制。

新加入的合伙人必须在阿里巴巴集团工作5年以上，且对公司的发展有卓越的贡献，对公司的文化高度认可，愿意为公司发展和企业价值观竭尽所能。

此外，被同意加入的合伙人必须持有公司一定比例的股份。合伙人可以在董事提名和奖金分配上执行自己的权力。阿里巴巴合伙人有权利提名半数以上的公司董事，如果有股东反对合伙人提名的董事人选，根据合伙人制度规定，不用通过股东投票决定，阿里巴巴合伙人可以直接指派一人成为"过渡董事"，任期为一年。

这就是创新的阿里巴巴合伙人制度。公司在上市之后，都会担心失去控制权，如果仍然希望公司能被所有的原始股东控制，可以考虑设立类似于阿里巴巴集团这样的合伙人制度，并且赋予合伙人有超过半数的董事提名权利，这样的话，完全可以实现原始股东对公司较长时间的控制权。

第 11 章

投资并购

财务管理是企业管理的基础，是企业内部管理的中心。但是很多中小民营企业家并不重视财务团队的发展，其主要原因是他们还没认识到财务的重要性。企业所处的阶段不同，财务管理的重要性也不同。

在从无到有的阶段，企业最重要的任务是活下来，所以在财务管理方面，挣钱和压缩成本是关键，财务管理只要做到资材（资金安全/物料安全）保护就够了。一般初创型企业也就只有一家公司，人员相对较少，资金也较少。所谓巧妇难为无米之炊，财务管理能发挥的作用也是有限的。

但是随着企业的发展，渐渐步入从有到优的阶段的时候，财务管理就要进入正轨，要开始发挥重要作用了。比如公司结构、内部控制、税务筹划、资金管理、预算管理等都要开始搭建。此外，财务人员要和业务人员成为合作伙伴关系，深入企业的业务流程中去。只有这样企业才能冲破瓶颈，再上一层楼。

当企业进入最后的从优秀到卓越的阶段时，大概率会与资本进行对接。即便不上市，也会大量地进行投资并购和融资。这个时候，基本上就需要财务和法务部门领军进行谈判，进行投资路径的规划、估值、资金的调拨等。所以说财务部门是典型的后期英雄。在进行后期财务管理，需要频繁投资和并购的时候，就需要对博弈思维有所了解了。

我们阐述内部控制的时候，经常使用的是"制衡"思路，也就是强调人与人之间的监督，流程与制度的搭建，不能让企业一人权力独大。但当你引入资本的时候，博弈思路就变成了你需要具备的一种思路了。如果光是讲博弈论的概念，可能大家理解起来有点难度。我们可以通过一个真实有趣的故事，来加深大家的理解。

美国曾经有一档真人游戏节目，游戏的规则是这样的：由两名玩家共同瓜分节目组给出的巨额奖金，每个玩家有两个牌子，分别是"平分"和"偷走"。如果两个人同时出"平分"，那么奖金由两个人平分。如果一个人出"偷走"，一个人出"平分"，那么奖金全都由出"偷走"的那个人拿走。如果两个人都出的是"偷走"的话，那么谁也拿不到奖金。

听完这个游戏规则，通常人们的思路是和对方商量，大家一起出"平分"牌，因为两人都出"平分"的话对双方都有利。但问题在于，你怎么能够保证对方一定会出"平分"牌呢？这可是个真金白银的游戏。

有一期节目中来了两名玩家，一个老大爷，一个小伙子。一上来老大爷就和小伙子说："从小我爸爸就教育我诚实，所以我养成了不说谎话的习惯。"然后，老大爷继续举了几个自己诚实待人的例子。最后他告诉对方自己会出"平分"，希望小伙子也一样。小伙子看着老大爷滔滔不绝一直没说话，等老大爷说完他才缓缓开口：我只会出'偷走'这张牌，希望你能和自己说的一样出'平分'牌。如果你这么做了，我可以保证我拿走钱以后，会将其中的一半分给你，你看着办吧。"这下子，老大爷就被逼到角落里了，他要么选择

"平分"，相信小伙子会信守诺言，要么选择"偷走"，这样大家什么都得不到。

最终结果是老大爷确实无奈地出了"平分"牌，可是当小伙子亮出自己的底牌时，连台下的观众都惊呼起来，因为小伙子出的也是"平分"牌。两个人最终平分了所有的奖金。老头子激动地抱住了小伙子。事后，节目组调查了老大爷，发现老大爷的父亲在他还没记事的时候就去世了。因此，老大爷在现场所说的全都是假话。可能的情况是，老大爷从一开始就想骗小伙子出"平分"牌，然后他出"偷走"牌拿走所有奖金。

在这个游戏中，两个人所面临的困境就是博弈论中典型的囚徒困境，这是非零和博弈中非常具有代表性的例子。所谓零和博弈，就是如果一方在博弈中得利，那么另一方必然受损，两者的利益和损失总和始终为零。无论博弈结果如何，社会整体利益都保持不变。

在博弈中，我们的最终目的不是把对方置于死地，而是要自己拿到主动权，最终和对方达到共赢的局面。在整个资本运作的链条中，这种博弈思路是贯穿始终的。在和资本博弈的时候，我们必须明确自己的位置，争取主动权，寻找对双方都有利的结果，既不能一方通吃，也不能陷于被动。牢记一句话：合作才能共赢。但同时也不要忘记，合作必须有技巧，有制度作为支撑，否则就只是空谈。

58 对赌赌的是什么

在跟投资相关的事件当中，对赌协议是一个十分常见的概念。

很多人听到对赌这个词便下意识地认为它是赌博的一种，是不合法的。实际上，对赌协议不仅是法律承认的，而且往往在财务管理中扮演重要角色。

对赌协议通常在新的资本进入时发生，双方在自愿的基础上签订，一旦签订，就拥有法律效力。对赌的期限通常是 3 ~ 5 年，对业绩的承诺主要是净利润和收入的增长。作为一家非上市公司，我们通常见到的是有三类公司会对其进行收购，分别为：上市公司、私募股权投资基金（VC/PE）以及国有大中型企业。对赌的具体内容一般情况下是公司未来的收入和利润，当然也有对上市时间，或者是用户量、门店数量进行对赌的。

首先谈谈对公司未来的经营业绩进行对赌的情况。比如，对赌协议中资本方要求你的公司在三年内，每年的业绩按照收入和利润同时递增 20%。如果公司达到了这个目标，那么原来资本方和公司约定 1 000 万元买 10% 的股份，就变成了 1 000 万元买 5% 的股份或者给 500 万元现金奖励，这样一来，公司的股份就相当于升值了。但如果你赌输了，资本方原来 1 000 万元买 10% 的股份就变成 1 000 万元买 15% 的股份或者公司给资本方 500 万元现金赔偿，这种情况就是针对公司未来经营业绩的对赌。

很多人会好奇，在对赌协议里究竟是投资方占优势，还是被投资方占优势？其实，对赌协议相对来说是公平的，并没有哪一方处于绝对优势。有的朋友认为投资方占优势，其实也不尽然。因为被投资方掌握着团队，业务也抓在自己手上。有些没有诚信的被投资方，甚至会为了完成对赌，骗得投资方的资金，而做虚假业务或者是虚假业绩。而投资方其实是希望被投资方能够合规完成业绩的。因为正规的私募股权基金最终想要的是能够把被投资的公司推上市，或者以更好的价格转卖给其他的投资方。其实大部分情况下，私募股权基金很害怕被投资方的团队跑路，因为他很难在短时间内找到那么多专业的人来运营你的公司。

也正因为如此，投资方会非常看重被投资方的团队背景。团队背景必须要好，尤其是诚信度，不能有弄虚作假的污点。举个小例子，私募股权基金每年都会看很多项目，这些项目大部分都还在初期接触阶段，没有走到尽职调查的那一步。投资基金会先要求接洽的项目公司报一个 3 ~ 5 年预算（也叫财务预测）。在这种情况下，很多公司都会想着报高一点，尤其是把收入和利润报高一些，因为反正是预算，不一定要和未来实际情况一致，为了能让自己股权的估值更高些，肯定是把预算往高了报对自己更有利。

但这么做其实是有风险的，投资基金向你要了 3 ~ 5 年的预算以后，就会开始放慢节奏，只和你保持着日常沟通。过了半年或者一年，投资基金就会重点关注你的预算是不是可靠，如果你的预算和实际情况相差很大，他就可能放弃你。

说到底，投资基金要求项目公司报送预算，并不仅仅是看你这个项目的盈利预期，还要看看你的团队的能力和诚信。因此大家一定注意，跟专业的投资机构合作，一定要真诚。

那么，投资基金把考察时间拖得那么长，难道就不怕在这期间有其他的投资机构把看好的项目买断吗？其实这个不用操心，因为我们前面也说了，投资机构如果对项目感兴趣，就会和团队每个月都保持一定联系，一有风吹草动，比如有新的买家进入，他就知道了。在这种情况下，如果你想卖个好价钱，就可以货比三家，让两家或者三家去竞价，然后选择条件最优渥的那一家进行合作。

既然投资方如此注重被投资方的诚信程度，那么他们能否正确判断对方的诚信程度，又是通过哪些手段判断这个团队是否诚信的呢？说实话，投资机构的工具挺多的，因为他们的团队里配备着一批财务高手和专业法务人员，大部分情况下还是能准确无误地找出被投资方的漏洞或是缺陷。

举个小例子。如我们所知，对赌协议通常将被投资方未来 3 年或者 5 年的收入和利润给提前锁定了。那么在实战中曾经发生过，某些被投资方为了能够完成业绩，又不想通过自己的努力，于是就采用了欺诈的手段。怎么做呢？被投资方会让其公司的一个或者多个人，每个人都开上几家公司，然后让这些公司不停地买他自己的产品，买卖过程中的合同、物流、资金、缴税等流程都是正常的。这样左兜掏右兜，被投资方付出的只有税金成本和物流成本，货物和资金始终在他自己的口袋里流动。虽然有损失，但是完成了对赌协议，被投资方可能会得到 5 ~ 20 倍甚至更高的市盈率（通常收购方会根据被投资方所处行业，给出 8 ~ 20 倍不等的市盈率购买其股权），所以算下来相当于是以 1 搏 5 或者以 1 搏 20 的利润，跟这个利润相比，那点税金就不算什么了。

这个做法听起来巧妙，但是其实并不可取，因为它本质上是欺诈，而且也很容易被投资基金发现。投资方用一个很简单的方法就能甄别出来。通常投资方在投入资本后，会派驻财务负责人，就算没有派驻财务负责人，也会要求被投资方提供财务资料。投资方会将每年新增的客户合同拿出来，去调查一下这些公司客户是什么时候注册的，以及这家公司的客户都有谁。如果这家公司刚成立，大客户只有你一家，而且之前都没有什么业务，突然就开始买你的东西，抑或是你的老客户突然增加了不寻常的采购金额，都会引起投资方的警觉，投资方只要深挖调查其背后的原因，就能找到真相。

为了防止此类被投资方的欺诈行为，投资方还会在协议里设计回购和违约条款，回购是惩罚性回购，因为你违规违法了，所以要惩罚你。这个条款都是事先在股权投资协议中经双方确认过的。

那么，如果我们签完对赌协议之后发现自己完成不了任务，有降低损失的方法吗？当然也是有的。比如，被投资方可以不按照财务业绩作为对赌标的，可以对赌活跃用户，对赌上市时间，或者是以开多少家连锁门店等技术指标作为对赌标的。比如说，一个没有会员收费制度的网站有5 000万元确定的活跃用户，但没有会员收费制并不意味着这家公司没有价值。换个角度想，如果每个会员收1元钱的会员费，这家公司就有5 000万元的收入。

因此，用户人数、流量、连锁店的数量等技术性的指标同样可以用来对赌，因为这些指标同样具有价值。

我曾经在一家海外集团公司遇到过类似的情况。当时我们投资了一家民营广告公司，并下派了一位财务总监。这位财务总监到了那家公司后，很快就被架空了，天天晚上都和我抱怨自己压力大。他告诉我那家公司的财务部门开会都不通知他，他去会议室敲门，也没人理他。他在那家公司里只能参加每周五的例会，会议内容就是董事长站在台上讲一个小时话。回到财务部门以后，由他来发表对本次会议的感言。

半年后的一天，这位财务总监告知我，他发现这个公司有大量的假销售合同。为了完成对赌协议，这家广告公司就和我之前所说一样，让一些公司里面的员工出去开公司，然后回来委托这家广告公司做广告策划。我告诉他不要着急，先把那些假合同收集起来，一一列明上报就可以了。并安慰他说天塌了有个子高的人顶着，希望减缓一些他的压力。

　　后来，我在当地用 3 个月的时间处理了那家公司的对赌协议问题。

　　所以我只想说，其实这本书中所提到的一些知识点，就是我在工作中遇到过的，并不是编故事。

　　对赌协议中还有一个雷区，我在这里也要强调一下。如果投资公司与被投资方签订了对赌协议，投资公司以增资扩股的形式将投资资金打到公司的对公账户中，一旦被投资方没有完成对赌业绩，需要进行赔付的是被投资公司还是股东个人？答案是：股东个人进行赔付。因为对赌协议约定的是跟股东对赌，不管其资金注入方式如何。希望大家看完以上内容后，能明白对赌协议的含义和作用，日后如果涉及这方面的知识应用能够做到心中有数。

59　如何防范债务陷阱

　　在投资并购的过程中，还有一个投资基金很担心的问题，那就是债务陷阱。投资方很担心被投资方拿了投资款，却没有用于经营，而是拿来偿还自己个人的担保或者债务，尤其是针对有"或有负债"的被投资方。什么叫或有负债？比如说，被投资方的大股东知道公司的产品有缺陷，未来可能会面临客户的集体诉讼，而且法院的判决预期会对他不利。如果这个情况投资方事前并不知道，买下股份以后，未来可能会面对这个不确定的负债。

　　还有一种可能是，被投资方个人身上有担保或者抵押，甚至可能背负赌债。这极大增加了投资者的投资风险，但被投资方的股东并没有告知。

为了尽量降低这种风险，投资方在做尽职调查的时候会采取一些防范策略。其中有一项就是，投资方会要求被投资方配合，陪同调查人员去中国人民银行征信中心拿到被投资者所有相关银行信息及征信报告。当然，如果当事人不同意配合投资方去调查的话，也没问题。只不过这个拒绝的背后意味着是什么，双方也都心知肚明了。

前面提到了投资者需要注意的债务陷阱，这里再介绍一个强卖权。什么是强卖权？这个是被投资者需要小心的。强卖权就是指投资双方在协议里约定，当投资方卖出他所持有的公司股份时，被投资方的其他股东也要跟这个投资方卖出同样份额的股份给同一个人。比如投资方卖出 10% 的股份，其他股东也要卖 10%，这就叫强卖权。只要我卖出，你就得跟着我卖出，这种情况很有可能会导致你的股权旁落到第三方公司手中。而且你也不知道投资方背后的庄家是不是你的竞争对手，一旦股权落到竞争对手那里，可就真的是哑巴吃黄连，有苦难言了。

既然如此，那么如果有投资方向你提出了要取得强卖权，你该怎么办？

和资本对接的时候尽量还是以合作为主，不要把本来应该能双赢的事，弄得两败俱伤。这种情况下你可以采用迂回的办法谈判，比如说他要求强卖权，你就可以要求他提高你的估值，或者要求投资方减少它的股权占比，让投资方自己去衡量得失。

以上所讲的强卖权其实涉及的是控制权问题。一家企业的控制权非常重要，中小型企业如果足够优秀，初期尽量不要有太多小股东；如果一定要有其他股东，尽量不要超过三个人；如果一定要超过三个人，创始人尽量占到 67% 以上，以免企业的控制权过于分散。如果是初创型公司，大股东最好拿到股权的 75% 或者 76%。因为这样经历后面的 A 轮、B 轮两轮融资下来，你还可能占到 51% 的股份。刘强东和李彦宏作为公司创始人，为什么上市的时候控股比例那么低？那都是很多轮股权融资稀释后形成的，所以他们设计了 AB 股在美国上市，以减少融资过程中对自身控制权的稀释。

在目前的认缴制下，有些人会用一些手段"套路"小股东。比如，如果一家公司的注册资本金认缴的是 500 万元，公司章程中明确，大股东认缴出资 400 万元，小股东认缴出资 100 万元，结果到时候大股东只实缴了 100 万元，小股东也实缴了 100 万元，那么谁是大股东？其实还是认缴 400 万元的那个人。这里要记住一点，法律上是以公司章程中认缴金额大小来认定股东控股权比例，而不是以实际出资额。遇到这种情况，如果你是小股东怎么办？一定要追缴，必须要求大股东把认缴资金足额缴纳。

但是大股东可能不一定会马上就实缴到位，在这期间作为小股东要考虑什么？我们之前谈到有四项权力非常重要，即控股权、控制权、经营权和分红权。控股权和控制权大家应该都比较熟悉，分红权是很多人容易忽略的。当大股东拖延缴纳认缴资金时，就可以用到分红权的思路来维护自己的权益。如果大家都是实缴 100 万元的话，你就可以提出变更分红权的请求，即不再按照原有的比例进行分红，而是调整成五五分成，直到大股东补齐他的认缴金额为止。同时，未来在与人合资时，也要注意公司章程中同样需要规定如果大股东实缴延迟，应该做何处罚的条款，以备无虞。

60 成本法和权益法的区别：是否有重大影响

在市场投资行为中，有两种针对长期股权投资后续计量的方法，即成本法和权益法，它们适用的场景不同，所产生的结果也不同。那么，在具体实践中，对于应该采取哪种方法，有没有什么标准？

为了弄清上述问题，我们不妨结合一个例子来说明（这个例子是实际中发生的例子，但我们虚构了这家公司生产的产品）。假设有一家比较有名的主营望远镜组装及销售业务的公司，在这里暂且将它称作A公司。假设它生产的望远镜产品中最重要的零部件就是镜片，我们姑且认为这一成本可能会占到总成本的80%。

由于某些主观或客观原因，A公司陷入了现金流紧张的困境。在这种危机时刻，它的主要供应商，提供镜片的厂商B公司主动提出想要收购A公司19%的股份。A公司接受了B公司的尽职调查，根据调查的结果，B公司确定了A公司的估值，并拟订了按其净资产评估值19%的比例以增值扩股形式为A公司注资8 000万元的项目计划。

其实A公司19%的净资产所对应的评估值是4 000万元，此时B公司8 000万元的投入资金其实是有4 000万元溢价的，并且在投资计划书中B公司的投资条件看起来十分有利于A公司，即不派任何人员参与A公司的经营，也不参与A公司的所有的经营及投资决策，但是上述事项生效的前提是这8 000万元资金只能专款专用地一次性购入B公司的镜片，经过组装后再由A公司通过自己的销售渠道卖出去。

　　接到 B 公司的收购提议后，A 公司也对收购方暗中进行了详细的调查。调查结果显示 B 公司实力很强，同时提供给己方的镜片采购价远低于同期的市场价格，而利用这些镜片组装出来的望远镜毛利率可以达到近 80%，市场要欢迎程度很高。于是 A 公司很爽快地答应了 B 公司的投资计划方案。

　　双方很快就按计划进行了投资与采购。可是当 A 公司将所购置的全部镜片组装完成准备拿到市场上销售的时候，却发生了一件十分诡异的事情——A 公司采购的镜片都是 V1.0 版，而市场上涌入了大量的 V2.0 版升级镜片。而 A 公司原来采购的 V1.0 的镜片由于参数相对较低且价格优势并不明显，所以客户普遍选择了升级版的 V2.0 镜片。

　　A 公司纳闷之余立即进行了相关调查，原来这些对自己企业造成严重影响的竞争产品都是 B 公司研发出来的，显然，A 公司中了 B 公司的圈套。

　　那么 B 公司为什么要这么做？原来，B 公司顺利研发出 V2.0 镜片之后，发现库房还有 8 000 万元的存货没有消化。如果这些巨量存货不处理，就会导致年底审计时出现大额存货跌价损失的结果。作为上市公司，这样的结果是很有可能会导致其业绩和股价下滑的。所以为了转移这种不良影响，B 公司就用前面所提及的注资 A 公司然后让其采购己方库存镜片的方法顺利将这价值 8 000 万元的镜片销售了出去。

　　在这个并购的真实案例中，有一个很关键的数据，即 B 公司是用 8 000 万元收购 A 公司 19% 的股权。熟悉投资并购的人会知道 19% 是一个很敏感的比例数字，因为这个比例涉及财务记账中的一种重要的记账方式，下文中会进行比较详细的说明。

就这个案例来说，B 公司在法律上是存在欺诈行为的，A 公司收集了 B 公司的资料证据，最终通过法律的途径向法院和证监会讨回自己的权益。因此，请大家注意，我们不要一味地去追求财务中的所谓"技巧"，我们所有的技巧都是建立在合法合规的基础上的，否则，多行不义必自毙。

我们先来看看 B 公司购买 19% 的股权究竟意味着什么。通俗一点说，若一个公司收购另一个公司 20% 或者以下的股份，同时不参与对方的经营决策，无重大影响。因为收购方除了注资，对被投资方起不到任何其他作用。具体到 A、B 公司的并购案例中，由于并购方案中 B 公司仅仅占股 19%，且不参与 A 公司的经营，无重大影响，按照目前的会计准则，应计入金融资产进行核算。这种核算方式叫成本法核算方式。

什么时候采用成本法核算？当企业完全控制子公司，同时持股 50% 以上，使用成本法核算。或者企业持股比例低于 20%，且对被投资方不具有重大影响和共同控制，也会采用成本法进行核算（新企业会计准则规定：对被投资单位不具有共同控制或重大影响，且在活跃市场中没有报价、公允价值不可计量的权益性投资，也是采用成本法核算的）。20% ~ 50% 采用权益法进行核算。但是 50% 和 20% 并不是绝对数，要根据实际企业对子公司的控制力和影响力来进行判断。在这里，控制力和影响力的重要程度要高于股权比例。也就是说，有些时候，即使股权在 20% 以下，但是参与对方的经营管理，有重大的影响，同样也有可能使用权益法。

我们这里先来说参股 20% 或 20% 以下的股份，同时对收购方不具有控制、共同控制或重大影响的投资的核算方式，其主要核算方法是股东不分红、不记账。在该收购方案中，B 公司注资后不论 A 公司是否盈亏和 B 公司都是没关系的，只有当 A 公司盈利了且向 B 公司分红，则 B 公司的分红收益计入"投资收益"中。通常上市公司非常在意自己的报表表现，所以在 B 公司所设计这个方案时，是知道 A 公司未来会发生巨额亏损的，于是就用这种方式，让 A 公司的亏损不会影响到 B 公司的报表数据。

在投资核算时还有针对 20%~50%（含 20% 和 50%）的财务核算方法，即权益法。那么什么是权益法？简单理解就是被投资方的盈亏情况都要按投资比例计入投资方的报表。

举一个具体的例子，投资方持有被投资方企业 30% 的股权，若被投资企业当年盈利 1 亿元，那么作为投资方在其财务报表中就应该计入 30% 即 3 000 万元的投资收益，并且同时其长期股权投资的价值也应该增加 3 000 万元，即相当于投资方对被投资企业增资了 3 000 万元。但如果被投资企业将 1 亿元利润中的 5 000 万元作为股利发放，投资方拥有 30% 的股权，就可以分得 1 500 万元的利润，相当于将 1 500 万元的投资从 3 000 万元的增资中拿回来了，长期股权投资的价值就应该在增资 3 000 万元的基础上再减少 1 500 万元。

在权益法下，被投资方的收益和亏损能够影响到投资方了。

当投资方控股被投资方 50% 或 50% 以上，且同时具有控制权的时候，也是用成本法核算，剔除合并调整后，每一分钱都会计入投资方的报表中去。

采用不同方法计量的分红和减值情况，如表 11-1 所示。

表 11 -1 不同方法下的分红和减值表

	每年年末	分红	减值
成本法 (20%或以下)	不操作	计入投资收益	会计准则是计入报表中金融资产的账面价值,做减值测试,新减值一经计提不得转回
权益法 (20%~50%)	用被投资企业的利润乘以持股比例,作为投资收益,同时调整长期股权投资账面价值	不计入投资收益,而是调整长期股权投资账面价值	做减值测试,但计提减值性较小
成本法 (50%或50%以上)	具有控制权的话,在年末编制合并报表	计入投资收益	目前会计准则是计入长期投资。只有在发现有减值迹象的时候才做减值测试

　　通过上述案例,我们初步知道了成本法和权益法的定义及各自的适用范围。记住一点,成本法和权益法是核算方法。根据不同的投资比例,相对应的会计科目是"金融资产"或者是"股权长期投资"。这是不同的维度,不要混淆了。

　　在财务管理领域,财务高手和普通的财务管理者的差别就在于对细节的把握上。比如在成本法和权益法的定义中,很多财务管理者可能都会忽视一个非常有意思的比例——投资比例正好为20%。若现实操作中确实出现了这种情况,那么到底应采用成本法还是权益法?其实细心一点就会总结出一个二者之间最关键的差异点,其区别的核心是看投资方对被投资方是否具有重大影响。那么怎么定义重大影响呢?通常情况下,若投资方不派人员参与被投资方的经营,也不派董事进入董事会,并放弃投资决策权和投票权,对于被投资方的盈利只收取固定的分红，上述这些都属于无重大影响的构成要素，此时即使是 20% 的投资也应使用成本法。当然还要具体情况具体分析，最终是否构成重大影响，可以去咨询专业的会计师事务所。

所以归根结底，投资 20% 时到底是用成本法还是权益法，应综合两个维度的构成要素：一是要看投资方对被投资方是否有重大影响，另一个才是 20% 的比例。而有一部分财务管理人员在进行财务核算时往往只关注了投资比例而遗忘了"重大影响"这一维度。因此在具体的实操过程中，应秉持一条根本原则，我之前提及过的——实质重于形式。

总结成本法和权益法的使用区别时我们可以很清楚地知道，采用成本法时，投资收益只与被投资企业的分红有关，而与被投资企业的盈利状况无关，这就好像是在投资方和被投资方之间建立起了一道防火墙。所以，目前有些上市公司和国企在开始投资企业时，会参股 20% 或者 20% 以下，同时不参与经营，以免己方的收益或报表受到被投资企业的消极影响。

而采用权益法时，被投资企业的盈利乘以投资方的持股，直接记录为投资方的投资收益，投资方和被投资企业之间的利润是有直接的关联关系的。

正是由于成本法和权益法在会计处理上的差异，有的公司会利用这一点来选择投资时的投资比例。比如上海汽车就曾经将它持有的通用汽车股权比例从 19% 增加到 20%，同时通过对被投资方产生重大经营影响，就可以将财务核算从成本法改为权益法。因为当通用汽车盈利 1 亿元的时候，若用成本法计算，如果通用汽车不分红就不会对上海汽车的财务报表产生任何影响，可若要增加投资方的利润，上海汽车最直接的办法是将持有的通用汽车公司的股权增加

1%后变为20%，此时上海汽车就可以将2 000万元的投资收入纳入财务报表，也就意味着其净利润增加了2 000万元。

其实实际操作中将投资比例和重大影响降低的反向操作也存在。比如被投资公司运营状况持续欠佳时，投资公司可能会考虑将原来20%的持股变为19%或更低，同时不再参与经营和决策，此时被投资企业的亏损对投资方的影响就微乎其微了。

说完了20%～50%的投资适用权益法后，另一个问题就出现了——收购你51%的股权且同时具有控制权又意味着什么？这里也是运用了成本法核算的概念。财务核算的处理方法是，将两家公司的报表合并，在剔除掉合并调整的影响因素后，被投资方的每一分钱都会并入投资方的报表里了，这就叫合并报表。合并报表时，会计人员会做一些合并调整（抵消分录），比如内部交易的抵消，内部往来款的抵消，投资公司的"长期股权投资"和被投资公司的"所有者权益"的抵消等，这里暂且不过多叙述。

这里还要提一下，就是在"非同一控制下"的投资并购中，不管是用成本法核算还是权益法核算，都要考虑到股权溢价部分要体现在商誉中。同一控制下的企业收购剩余的股权，溢价部分调整资本公积，资本公积不够的话进一步调整盈余公积。

所以对于不同的股权投资比例，由于核算的不一样，会自然导致投资方与被投资方之间的关系有所差异。总之在面对上市公司的收购时，一定要重点关注其投资比例，尤其是当投资方除了进行股权投资外，又提出一些附加条件，这就需要被投资方谨慎考虑了。上市公司往往会因为高度在意自己的报表业绩，它们有时候会铤而走险采用一些违法违规的方式将亏损进行转移，当然随着我国对资本市场的规范力度越来越大，这样的情况将会逐渐被杜绝。

　　总而言之，在进行股权并购时的核心思路可以大致概括如下：先分段确定股权投资比例，再按"三不"原则，即不控制、不重大影响、不共同控制对股比的形式进行实质性认定，最后采用合适的规范或准则对核算、确认、计量、列报、减值等进行分流处理。

　　另外，在与资本进行对接的时候，应该充分发挥己方财务顾问的作用。因为走资本的这条路并不简单，专业性十分强，所以要充分尊重专业人士的意见或全权交由专业人士进行处理。但也不要因为投资有风险就因噎废食，虽然本章中所举的例子比较负面，但实际市场经济活动中还是有很多成功的案例。如果自己具备足够的财务、税务、投资并购等知识，不就可以规避这些所谓的风险了吗？所以在参与市场经济活动时，企业家还是应该及时补充财务、税务和金融等相关的知识。

61　星巴克占股为啥要小于 20%

　　如何最大限度地利用品牌效应使自己的公司更上一层楼，甚至扩大规模，成为一个集团？当知名企业想要进入一个自己完全不熟悉的市场，怎样才能控制风险，既做到减少投资成本，又能够在新市场扩张版图？

　　这就涉及一种投资模式——分步式购买。

　　星巴克的分步式购买，就是一个典型的教科书式的案例。1999年 1 月 11 日星巴克在中国开办了第一家咖啡店。当时的星巴克左右为难，为什么？一杯咖啡要定价十几元钱，这在当时的中国人看来太过昂贵，而且很大一部分人喜欢饮茶，咖啡的受众群体又小。

星巴克担心投入过多的成本来开店会导致资金沉淀，甚至如果大规模地开店，血本无归的风险很大。尤其咖啡是快消品，开展零售业务，需要投入大量的资金来做宣传和服务。

但是同时，星巴克不想放弃中国这个大市场，那该怎么办？合作。

星巴克面对迷雾重重的国内市场，找到了三家公司一起合作，北方区域的三元集团，南方区域的香港美心集团，江浙沪的统一集团，它们在当时都是很有名的餐饮或零售公司。你猜星巴克和这些公司进行合资，会入股多少？一半以上？控制话语权？

不是！只有 5% ~ 20%，而且还打算一分钱不掏，星巴克只输出自己的品牌和管理模式。这一点和迪士尼的做法有些相似。

对于星巴克来说，那个时候它在全球已经很有名气了。而且他们打算只占股 5% ~ 20%，只出品牌，不出钱，不参与经营，这样的话，新市场的盈亏就和总部的报表没关系了，只有等这里开始盈利有分红了，才会影响到总部的报表。而且一分钱都没花，基本没有试错成本。

然后，众所周知，星巴克成功了。

2001 年，上海星巴克净利润 6 000 万元，到了 2002 年达到 1 亿元。从 2003 年开始，星巴克每年以当时 3 ~ 5 倍的溢价将股权从合作方那里买回来，最终实现所有的股权 100% 买断，也就是都变为自己的直营店。

那么咖啡店这么挣钱的话，其他股东为什么要把股份卖给星巴克？

因为在组建合资公司之初，合作合同中就已经明确，在经营过程中，当合资公司的盈利达到一定指标以后，星巴克拥有回购权，而且回购的股份比例是多少，价格多少，合资之前的合同里早就约定好了。

这个时候有人有疑问了，合同条款这么不公平，为什么这三家集团还愿意和它合作？

一是因为星巴克是全球知名品牌，当时，中国还没有很好的咖啡连锁店，不像现在这么多咖啡连锁企业，要想涉足这个行业，星巴克这个品牌是有话语权的。如果你不做，还会有别人做。

二是合同中对于回购权的约定，合作方也是能接受的，毕竟星巴克是溢价 3 ~ 5 倍来回购的，生意做好了，未来人家要 3 ~ 5 倍的溢价回购股份，不会亏。

星巴克的分步式购买就是：成功了，回购你，不成功，转嫁试错风险。这就是强势品牌的做法，用品牌吸引合作方，用小成本试错。

因此，分步式购买一般都是有名的大品牌采用的策略，以大吃小。

其实中国也有很多大企业是这么做的。比如，某上市健康体检中心。它是如何把体检中心扩张到全国的呢？

它购买当地的一家体检机构 20% 或者低于 20% 的股份，为什么最多只买到 20%？因为这样成本低，完全不会影响到上市公司的利润。然后，观察这个体检机构 2 ~ 3 年，如果发展得很好，这家上市公司就会将股权收购到 51%，这样利润就会进入上市公司报表中，为上市公司的业绩添砖加瓦。那又为什么只买到 51%，不买到

100%呢？还有一个原因，是这样可以让商誉减半。我们知道，非同一控制下的公司，当购买一家公司的股权达到51%形成控股时，溢价部分会进入商誉中。当控股了这家公司后，再收购剩余的49%的股份时，就不是非同一控制下的公司了。而是变成了在同一控制下（控股以后），购买剩下的49%的股权时，溢价就会进入资本公积中。这样就解决了上市公司商誉过大的问题。

因此，上市公司在收购51%股权后，会再观察被投资方1~2年，如果公司整合以及团队整合顺利的话，再100%收购。是不是和星巴克一样？

这样一来，这家上市公司就在上市主体外培育了很多这样的股权比例不到20%的参股小公司，当需要利润体现的时候，就把它们放入上市公司的报表体系中。这些小公司就是所谓的报表外利润池，需要时拿出来展示，这样就可以满足上市公司每年的业绩需求。

所以，如果你手上有个做得很好的品牌，可以选择和别人合作，发展壮大。尤其是你进入一个新的城市，你在当地可能没有人脉资源，那就和当地有实力的企业合作，打开新的市场，学习星巴克的分步式购买，既能减少试错成本，又能扩大商业版图，何乐而不为呢？

分步式购买是针对品牌扩张难提出的有效解决方案。

62 商誉也可以通过分布式购买减半

有人认为商誉是无形资产，其实这又是一个误区。我们先做一个总结，那就是商誉并不是无形资产。按照《企业会计准则第20

号——企业合并》的规定，在非同一控制下的企业合并中，购买方对合并成本大于合并中取得的被购买方可辨认净资产公允价值份额的差额，应当确认为商誉。

通俗地来讲，商誉就是企业被并购时超出企业净资产公允价值的那部分溢价。

如果这么说还是觉得有些抽象的话，我可以举一个具体的例子：假设可口可乐公司的净资产是 10 亿美元，但因为像它这样全球知名的大企业在市场上受到广泛的认可，有一批数量庞大的忠实用户，以及良好的口碑，如果其他人现在做一个和可口可乐净资产一样的公司，肯定达不到它的盈利水平，基于这些优势，所以你不可能只花 10 亿美元就完成对可口可乐公司的收购，你可能要花多得多的钱，比如 100 亿美元，而超出来的 90 亿美元溢价，就是它的商誉。

所以，商誉的本质还是基于这家企业拥有一些看不见、摸不着的优势，比如口碑、渠道，抑或是庞大的忠实客户群体等，导致它的盈利能力超过其他的同类同体量的公司，而你在收购上多花的那一部分溢价，实际上也就是在为这一部分"不可辨认的资产"买单。

说完商誉，我们再说无形资产。无形资产的定义和商誉完全不同，无形资产虽然是无形的，但是它是"可辨认的资产"，简单来说就是有一个市场标准定价的。比如专利、商标还有土地使用权，虽然这些也是无形的，但是这些东西都有一个相对确定的市场价格，至少有一个横向对比衡量的区间，但商誉是一种无法比较无法辨认且没有定价的东西，所以商誉和无形资产从根本上来说就是两个概念（见图 11-1）。

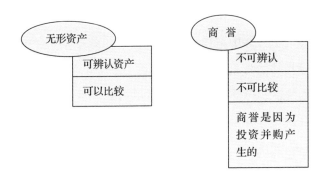

图 11 - 1　无形资产和商誉的区别

无形资产和商誉最主要的区别在于商誉是因为投资并购产生的。比如，我去买一家公司的股权，如果我之前并没有控股这家公司，收购股权的溢价部分会形成商誉。如果我去购买一家我已经控股 51% 股权的公司，再并购剩余的 49% 的股权，这时会产生商誉吗？不会产生商誉。

记住这是一个关键点，商誉形成的前提投资人并购之前没有这家公司的控股权，明白了这个前提条件后，在并购企业时利用商誉的特点进行并购，可以减少商誉的报表数字。

为什么很多企业喜欢并购的时候先买 51% 的股权，后买 49% 股权？其中有一个原因和商誉有关。直接买 100% 的股权，溢价很高，全部进商誉项，这个报表的数字就不好看，尤其对于上市公司而言，商誉这个科目是个敏感科目。先买 51% 的股权，这个时候的溢价，只是买 100% 股权溢价的一半多一点，再买剩下 49% 股权的时候，因为之前已经控股了，所以不会形成商誉，而是放入资本公积或者留存收益。

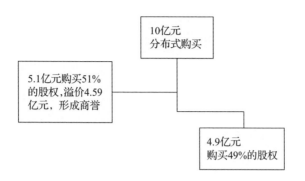

图 11 - 2　分布式购买

　　为了方便理解，我们可以用一个具体的例子说明。假设某公司净资产公允价值 1 亿元，这里的净资产公允价值是经由国家认可的评估机构评估认定的，不受其他条件影响的价值。你打算收购这家公司，经过磋商之后对方要价 10 亿元，远高于它的净资产公允价值，而这高出来的 9 亿元的溢价就是在为商誉买单。

　　这么高的商誉，可能会影响到上市公司的报表数据。那么上市公司又是如何规避高商誉的呢？有些上市公司就会采取分步式并购策略。所谓分步式并购，就是先购买目标公司 51% 的股份形成控股，然后再收购剩下的 49%，这样就可以降低目标公司一半的商誉溢价。

　　回到我们之前举的例子。如图 11 - 2 所示，如果采用分布式并购，则需要先花 5.1 亿元收购其 51% 的股份对其形成控股，这样进商誉项的溢价部分就是 4.59 亿元（5.1 亿元 - 0.51 亿元），此时我们已经对该公司形成了控股。在 1 ~ 2 年后，我们再收购剩下的 49% 的股权，这剩余的 49% 股权也就是我们所说的"少数股东权益"。在合并财务报表中，因购买少数股权益取得的长期股权投资与按照新增持股比例计算应享有子公司自购买日或合并日开始持续计算的净资产份额之间的差额，应当调整资本公积（资本溢价或股本溢价），资本公积不足以冲减的，调整留存收益。因此，这剩下的4.41亿元（4.9亿元－0.49亿元）的溢价，就进入资本公积里了。这样原本9亿元的商誉在财报里就变成了4.59亿元，但收购者已经在实际上达成了控股公司的目的，也就实现了降低收购公司一半商誉溢价的目标，这就是现在上市公司规避高商誉的办法。

63　股权是送的，好不好

免费送股权这件事有好有坏。一般来说，股权赠送有两种情况：一个是别人把股权免费送给你，另一个就是你把股权免费送给别人。

我们先说第一种情况，别人要把股权免费送给你，听起来是件好事。但其实，这时候还是要三思而后行的。

如果别人送你股权，你要先看两个方面：第一，注册资本金的实缴有没有全部到位。企业的注册资本金是认缴制，认缴的注册资本金有没有全部缴齐是关键。第二，对方企业是否是现金盈利。记住这里不仅仅要看报表盈利，还要看现金盈利。因为我们知道很多企业虽然利润表显示盈利，其实现金流还是亏损的。

为什么要看这两点呢？如果一家公司长期亏损，当它给了你股权，未来一旦破产，就需要按照注册资本金的认缴金额来对员工和供应商进行赔偿。打个比方，这家企业的老板开公司认缴了1 000万元，实际上只实缴了20万元的资金。然后他送你股权，拉你成为股东之一，未来企业破产了，你就要和这个股东一起补齐剩下的980万元注册资本金。股东们不仅仅一起收获果实，破产的时候还要一起承担责任，风险和收益是对等的。

如果你作为公司老板，想要送股权给员工，我也建议你要三思而后行。因为免费的午餐可能不会引起员工的重视。想要激励员工的话可以让员工买你的股份，如果员工没有钱也可以借钱给员工买。员工投入了资金成本，就会更加认真地对待公司的经营，考虑问题自然也就会真正站在股东层面了。

激励员工也可以不仅仅用股权，尝试其他的方式，效果可能也不错。

其实大家想想就知道，员工真正需要的不一定是股权，如果你的企业年年亏损，股权也就没有多大激励作用了。想要激励员工的话，靠的是让他们真正得到利益，有使命感。激励团队也可以采用给核心团队分红的方式。和核心团队约定，把公司利润的 20% 拿出来给核心团队分成，通过计算每个核心成员的贡献，通过 KPI 来确定团队每个成员的分红比例。也就是除了工资、奖金以外，年底如果整个公司全年的利润超过了预算，还可以拿到分红奖励。这种做法其实也是很好的员工激励手段。因为普通的公司员工只能够拿到基本工资、奖金和一些补助。而你的企业在此基础上，还可以给到核心团队利润分红。不过，这种模式就一定要建立预算体系。需要公司每年进行预算考核，让核心团队签订军令状。同时核心团队每年进行末位淘汰，由员工和核心团队共同推举新的核心团队成员加入。

当然也有的企业是按照销售的比例分红，因为这样更直接。但一定要注意的是，如果按照销售比例分红，很有可能会助长管理团队只顾销售不顾利润的歪风。因此，我们会在编制预算时，将重点放在毛利和费用上面。每年预算执行时都要求管理团队严格把握毛利率和费用的预算内支出。凡是超预算的费用支出，均要得到股东或者董事会的批准，并且每个季度都要进行业绩检讨，将本季度的利润与去年同期的利润进行对比，看看是否有所增长。

因此，确定预算是很重要的，它需要得到所有的核心管理层和股东们的共同认可。在预算确定后，再确定管理团队每个人的分红比例。当年干得不好就末位淘汰，由剩下的管理团队人员以及公司员工们共同提名新的核心管理成员加入。

进行员工激励，我们一定要根据企业的实际情况来考量，比如企业规模、团队人员素质、未来方案执行的复杂性和可持续性。因为有些股权设计需要企业自身已经达到一定的规模了，具备自己的法务团队和财务团队才便于搭建，比如，有限合伙企业作为员工的持股平台，虚拟股权。否则，会很费力，而且还可能效果不好。

64 天使投资是最大金额的投资吗

说到投资并购，就必定绕不开一个概念——私募股权基金。那么什么是私募股权基金呢？

私募股权基金是一种以非公开的方式向某些特定投资者募集资金并以特定目标为投资对象的投资基金。一般对于初创型公司而言，在其初创阶段，最有可能接触的私募股权基金就是天使投资。那么天使投资的投资额一般会有多少？

通常情况下，天使投资的额度不会超过1 000万元。但是由于天使投资可以极大地帮助初创企业启动初期运营，所以也成为很多创业者的寻求目标。当然要想获得天使投资，绝大多数情况下是比较困难的，那么天使投资一般情况下会投资给什么样的初创型企业呢？

这些企业的类型大致包括以下几类：第一，创始人具有卓越的能力，即创始人在某个领域内的能力非常出色或背景雄厚。比如，曾经有一位担任某大型集团手机事业部的副总裁，在其刚辞职后没多久就被天使投资找到，并许诺无论今后他准备成立什么样的公司，这个天使投资公司都会积极配合进行跟投。之所以天使投资比较青睐这些曾经的成功者或团队，往往是因为这样的人或者这样的团队知道成功的路径，未来取得成功的概率相对其他创业者来说更大。

第二，家人、亲戚或者朋友。在实际的商业活动中，绝大部分普通人是拿不到天使投资的，所以现实情况往往是，创业者的天使投资人可能就是他自己的父母、兄弟姐妹、亲戚或者是朋友。

第三，创业公司有创新的运营模式或者是创新产品。

如果你有创业打算，生活中就要注意节约自己的开支，为自己积攒一部分创业的资金，这是一种比较聪明且实际的做法。当然提供服务技术的创业者也可以选择在创业的初期先不开公司，不搭建团队，因为一旦开了公司就必定会产生房租成本、员工工资、税务成本等支出。而如果只有创业者一个人，那么所挣的钱则只需要按照个人所得缴纳税金开具发票，从而少了很多的固定成本支出，降低了试错成本。

待初创企业慢慢做大做强后，客户需要你提供正规的增值税发票时，就可以考虑开公司和组团队。此时你就要教你的团队如何挣钱，从而让更多的人帮你一起挣钱。

天使投资一般针对创业型的公司。当公司发展到一定规模的时候，可能接触的就是风险投资基金了。风险投资通常简称 VC，其一般会在 A 轮进入公司，VC 一旦进入，天使投资就会自然退出。当然有些情况下没有天使投资也没关系，此时可以是 VC 直接进入 A 轮投资。

比 VC 更大量级的投资是 PE，PE 即股权投资基金。绝大部分的 PE 进入企业的目的就是奔着 IPO（上市）的，对于企业而言，一般 C 轮过后就会选择上市。

当然个别企业融资也有到 D 轮、E 轮或者 F 轮的，不过融资的轮数越多，上市的难度也会随之加大。PE 多数是在成熟期进入企业中的，进入前 PE 已经有很大的把握能将被投资企业包装上市。现在的实际市场行为中，VC 和 PE 的区分越来越模糊，它们之间的界限越来越不明朗，一家投资机构可能既是 VC 也是 PE。

在投资数额或时机方面，VC 一般是在 A 轮或 B 轮阶段投入 1 000 万元到 1 亿元的资金（投资金额并无实际限制，这只是个大概区间），通常此时该企业已经在行业内拥有一定的口碑和地位。PE 一般是在 C 轮融资的时候投资 2 亿元以上。

当然上述只是不同融资类型和量级的一个大概区分，后面我们会再介绍几个投资并购的经典条款，内容可能会有些枯燥，但实战中会经常碰到。

65 优先清算是因为企业要破产了吗

一看到"清算"这两个字，很多人的脑子里闪现的第一个想法就是，是不是这家企业要破产了？其实这也是个误解。一般在投资并购协议中所提及的优先清算权和一家企业破产所涉及的清算是不同的概念,我们可以先看下优先清算权的具体定义。

优先清算权:在发生清算事件时,投资方有权根据事先签署的清算协议,在项目公司向股东进行财产分配清算之前,优先获得总额相当于投资方最初投资额 N 倍的金额;剩余的财产由项目公司按所有股东的持股比例进行再分配。

我在这里通俗地解释一下。首先,这里的清算事件指的是广义上的清算。比如有一个私募股权基金,占有某公司一定比例的股权,后来这个私募股权基金打算把自己所占的股权卖出去,这就是股权清算了。

这里所涉及的清算就是广义上的清算。它所指的是,当我的股权被卖出后,就算发生了股权清算。所以,优先清算权一般指的是股权清算,并不是企业破产后的清算。接下来,我们用一个具体案例解释一下什么是优先清算权。

假设一家公司的最初估值是 4 000 万元,你是投了 1 000 万元的 VC,占 25% 的股份,而创始人占了 75% 的股份。公司运营了几年之后,发展得越来越好,这时,有一家上市公司对这家公司重新进行了估值,新的估值为 9 000 万元。也就是说,上市公司打算用 9 000 万元来收购这家公司,那么在未签署优先清算权协议的情况下,创始人拿他的 75%,你拿自己的 25%,所有股东按股权比例来分配,这是没有问题的。

但是,如果你和公司提前签署了优先清算权协议,当然优先清算权可以是 1 倍乃至 N 倍,这要看签署协议时约定的倍数是多少。此处我们暂且按 1 倍的优先清算权来计算,这样会更加清晰。

如果作为投资人的你拥有优先清算权 1 倍的话,那么在公司的最新估值为 9 000 万元的情况下，你要在新投资进入的时候，先把原始投资的 1 000 万元拿到手，然后再就剩下来的 8 000 万元和创始人进行各自 25% 和 75% 的分配，这就叫作优先清算权。

所谓的优先清算权，就是优先清算原始的投资成本。如果这个案例中约定的是 2 倍优先清算权，那么 VC 优先拿走的金额就是 2 000 万元。

优先清算权不好的地方在于，一旦企业遇到困难，出现估值下降的情况，企业创始人希望和其他投资人一起承担风险。而其他投资人却往往担心情况持续恶化，想的是赶紧撤资。毕竟投资人卖出股份之后，可以根据签署好的优先清算权条款，先收回他的投资成本，剩下的资金再由公司各个股东按股权比例分配。只要股份卖出得越早，哪怕是折价卖出，投资人也能抢先一步拿回投资成本。

可是，如果公司的估值在不停地下降，到最后也没人接盘，那公司的所有股东就只能眼睁睁看着自己越亏越多，直至亏完。

所以，金融杠杆是个加速器，它既可以让你的公司加速成长，也可能让你的公司加速灭亡。我们一直在讲资本对接和资本融入，但这两者的首要前提是什么？是你公司的产品必须具备核心价值竞争力，产品性价比高，公司运营模式好，一旦有外部资本的进入，会让你公司加速度跑起来。

比如，本来公司预计是 5 年上市，但外部资本的融入有可能让公司在 2~3 年就上市。相反，如果公司的产品不好，内部管理混乱，外部资本的投入反而会加速公司的崩盘，甚至导致创始人深陷债务的泥潭。类似这样的例子比比皆是。因此，在面对投资诱惑的时候，企业创始人一定要慎重考虑，切忌来者不拒。

66　反摊薄条款

很多人对反摊薄条款存在误解，就是认为一旦签署了反摊薄条款，未来被投资方就不能再从别的 VC 或者是 PE 那里进行融资了，其实，反摊薄条款并非这个意思。

反摊薄条款的定义是：如果标的公司后续股权融资的单位价格低于本融资协议的单位价格，则投资人有权按照完全棘轮的方式，对股权比例进行调整。股权比例的调整方式包括标的公司向投资人增发股份，也包括创始股东向投资方进行股权转让。

很多时候单看定义是很难弄懂其中的意思的，也正因为如此，我在谈财务思维和金融思路的时候经常会讲故事或者举例子，以帮助大家更全面、更深入地理解概念。

关于反摊薄条款，我们可以举例说明。假设你有一家估值 1 亿元的公司，总股本 1 000 万元，那么这家公司的股价就是 10 元/股。在这其中，包括有一家风险投资公司（我们先叫它 VC-1）已经投资的 2 000 万元，占股比例 20%，每股 10 元的话，就是 200 万股。

如果接下来你的公司在经营中遇到困难，估值下行，缺少资金。在需要募集资金的时候，另一个风险投资公司（我们叫它 VC-2）表示有意对你进行投资，但因为你的公司出现亏损，估值下行，每股就不值 10 元了。VC-2 最终决定投资 100 万元，按照 5 元/股投资，同时增发 20 万股（100 万元/5 元＝20 万股）。

这样的话，VC-1 之前购买股份的价格就亏了，因为它是 10 元/股买的，在 VC-2 进入后股权占比也下降了。但如果 VC-1 签署过反摊薄条款，就会防止这种持股比例被摊薄的现象发生，VC－1 的权益就会得到保护。在有反摊薄条款的情况下，VC－1 的投资总额不变，但是所占股份会按照后来的价格重新划分。

还是上述这个案例，公司最开始的总股本是 1 000 万股，现在增发了 20 万股，那么总股本就变成了 1 020 万元。在每股 5 元的现价下，公司估值就从 1 亿元下降到 5 100 万元了。VC－1 最开始投资了 2 000 万元，那么根据反摊薄条款，就应该按照 5 元一股来计算，持股也就变成了 400 万股。这样一来，VC－1 持股比例就由原来的 20% 上升到了 39.21%。原投资人因为公司股价下降而亏损的情况也就不存在了。

当公司新一轮融资价格低于现有投资人投资公司的价格时，公司或创始股东等义务人需采取一定措施，对现有投资人进行补偿，这就是反摊薄条款。它有效地解决了现有投资人所担心的亏损问题，防止其投资利益受到损害，这样在谈判融资的时候就有更大的成功概率，对于那些对融资有较高要求的企业来讲，签署反摊薄条款是一个可以考虑的措施。毕竟，投资过程中估值上涨或是下跌都是可能出现的正常结果，能在公司经营不善、估值下行时保护现有投资人的利益，足见企业的诚意。